प्रतिध्वनि (कहानी संग्रह)
और
लहर

LECTOR HOUSE PUBLIC DOMAIN WORKS

प्रतिध्वनि (कहानी संग्रह) और लहर

जयशंकर प्रसाद

9 789390 112951

ISBN: 978-93-90112-95-1

Published: -

© 2020
LECTOR HOUSE LLP

LECTOR HOUSE LLP
E-MAIL: lectorpublishing@gmail.com

प्रतिध्वनि (कहानी संग्रह)
और
लहर

जयशंकर प्रसाद

अनुक्रम

पृष्ठ

प्रतिध्वनि
(कहानी संग्रह)

लहर

प्रतिध्वनि
(कहानी संग्रह)

प्रसाद

मधुप अभी किसलय-शय्या पर, मकरन्द-मदिरा पान किये सो रहे थे। सुन्दरी के मुख-मण्डल पर प्रस्वेद बिन्द के समान फूलों के ओस अभी सूखने न पाये थे। अरुण की स्वर्ण-किरणों ने उन्हें गरमी न पहुँचायी थी। फूल कुछ खिल चुके थे! परन्तु थे अर्ध-विकसित। ऐसे सौरभपूर्ण सुमन सवेरे ही जाकर उपवन से चुन लिये थे। पर्ण-पुट का उन्हें पवित्र वेष्टन देकर अञ्चल में छिपाये हुए सरला देव-मन्दिर में पहुँची। घण्टा अपने दम्भ का घोर नाद कर रहा था। चन्दन और केसर की चहल-पहल हो रही थी। अगुरु-धूप-गन्ध से तोरण और प्राचीर परिपूर्ण था। स्थान-स्थान पर स्वर्ण-श्रृंगार और रजत के नैवेद्य-पात्र, बड़ी-बड़ी आरतियाँ, फूल-चंगेर सजाये हुए धरे थे। देव-प्रतिमा रत्न-आभूषणों से लदी हुई थी।

सरला ने भीड़ में घुस कर उसका दर्शन किया और देखा कि वहाँ मल्लिका की माला, पारिजात के हार, मालती की मालिका, और भी अनेक प्रकार के सौरभित सुमन देव-प्रतिमा के पदतल में विकीर्ण हैं। शतदल लोट रहे हैं और कला की अभिव्यक्तिपूर्ण देव-प्रतिमा के ओष्ठाधार में रत्न की ज्योति के साथ बिजली-सी मुसक्यान-रेखा खेल रही थी, जैसे उन फूलों का उपहास कर रही हो। सरला को यही विदित हुआ कि फूलों की यहाँ गिनती नहीं, पूछ नहीं। सरला अपने पाणि-पल्लव में पर्णपुट लिये कोने में खड़ी हो गयी।

भक्तवृन्द अपने नैवेद्य, उपहार देवता को अर्पण करते थे, रत्न-खण्ड, स्वर्ण-मुद्राएँ देवता के चरणों में गिरती थीं। पुजारी भक्तों को फल-फूलों का प्रसाद देते थे। वे प्रसन्न होकर जाते थे। सरला से न रहा गया। उसने अपने अर्ध-विकसित फूलों का पर्ण-पुट खोला भी नहीं। बड़ी लज्जा से, जिसमें कोई देखे नहीं, ज्यों-का-त्यों, फेंक दिया; परन्तु वह गिरा ठीक देवता के चरणों पर। पुजारी ने सब की आँख बचा कर रख लिया। सरला फिर कोने में जाकर खड़ी हो गयी। देर तक दर्शकों का आना, दर्शन करना, घण्टे का बजाना, फूलों का रौंद, चन्दन-केसर की कीच और रत्न-स्वर्ण की क्रीड़ा होती रही। सरला चुपचाप खड़ी देखती रही।

शयन आरती का समय हुआ। दर्शक बाहर हो गये। रत्न-जटित स्वर्ण आरती लेकर पुजारी ने आरती आरम्भ करने के पहले देव-प्रतिमा के पास के फूल हटाये। रत्न-आभूषण उतारे, उपहार के स्वर्ण-रत्न बटोरे। मूर्ति नग्न और विरल-श्रृंगार थी। अकस्मात् पुजारी का ध्यान उस पर्ण-पुट की ओर गया। उसने खोल कर उन थोड़े-से अर्ध-विकसित कुसुमों को, जो अवहेलना से सूखा ही चाहते थे, भगवान् के नग्न शरीर पर यथावकाश सजा दिया। कई जन्म का अतृप्त शिल्पी ही जैसे पुजारी होकर आया है। मूर्ति की पूर्णता का उद्योग कर रहा है। शिल्पी की शेष कला की पूर्ति हो गयी। पुजारी विशेष भावापन्न होकर आरती करने लगा। सरला को देखकर भी किसी ने न देखा, न पूछा कि 'तुम इस समय मन्दिर में क्यों हो?'

आरती हो रही थी, बाहर का घण्टा बज रहा था। सरला मन में सोच रही थी, मैं दो-चार फूल-पत्ते ही लेकर आयी। परन्तु चढ़ाने का, अर्पण करने का हृदय में गौरव था। दान की सो भी किसे! भगवान को! मन में उत्साह था। परन्तु हाय! 'प्रसाद' की आशा ने, शुभ कामना के बदले की लिप्सा ने मुझे छोटा बनाकर अभी तक रोक रक्खा। सब दर्शक चले गये, मैं खड़ी हूँ, किस लिए। अपने उन्हीं अर्पण

किये हुए दो-चार फूल लौटा लेने के लिए, "तो चलूँ।"

अकस्मात् आरती बन्द हुई। सरला ने जाने के लिए आशा का उत्सर्ग करके एक बार देव-प्रतिमा की ओर देखा। देखा कि उसके फूल भगवान के अंग पर सुशोभित हैं। वह ठिठक गयी। पुजारी ने सहसा घूम कर देखा और कहा,-"अरे तुम! अभी यहीं हो, तुम्हें प्रसाद नहीं मिला, लो।" जान में या अनजान में, पुजारी ने भगवान् की एकावली सरला के नत गले में डाल दी! प्रतिमा प्रसन्न होकर हँस पड़ी।

गूदड़ साईं

''साईं! ओ साईं!!'' एक लड़के ने पुकारा। साईं घूम पड़ा। उसने देखा कि एक 8 वर्ष का बालक उसे पुकार रहा है।

आज कई दिन पर उस मुहल्ले में साईं दिखलाई पड़ा है। साईं वैरागी था,-माया नहीं, मोह नहीं। परन्तु कुछ दिनों से उसकी आदत पड़ गयी थी कि दोपहर को मोहन के घर जाना, अपने दो-तीन गन्दे गूदड़ यत्न से रख कर उन्हीं पर बैठ जाता और मोहन से बातें करता। जब कभी मोहन उसे गरीब और भिखमंगा जानकर माँ से अभिमान करके पिता की नजर बचाकर कुछ साग-रोटी लाकर दे देता, तब उस साईं के मुख पर पवित्र मैत्री के भावों का साम्राज्य हो जाता। गूदड़ साईं उस समय 10 बरस के बालक के समान अभिमान, सराहना और उलाहना के आदान-प्रदान के बाद उसे बड़े चाव से खा लेता; मोहन की दी हुई एक रोटी उसकी अक्षय-तृप्ति का कारण होती।

एक दिन मोहन के पिता ने देख लिया। वह बहुत बिगड़े। वह थे कट्टर आर्यसमाजी, 'ढोंगी फकीरों पर उनकी साधारण और स्वाभाविक चिढ़ थी।' मोहन को डाँटा कि वह इन लोगों के साथ बातें न किया करे। साईं हँस पड़ा, चला गया।

उसके बाद आज कई दिन पर साईं आया और वह जान-बूझकर उस बालक के मकान की ओर नहीं गया; परन्तु पढ़कर लौटते हुए मोहन ने उसे देखकर पुकारा और वह लौट भी आया।

''मोहन!''

''तुम आजकल आते नहीं?''

''तुम्हारे बाबा बिगड़ते थे।''

''नहीं, तुम रोटी ले जाया करो।''

''भूख नहीं लगती।''

''अच्छा, कल जरूर आना; भूलना मत!''

इतने में एक दूसरा लड़का साईं का गूदड़ खींचकर भागा। गूदड़ लेने के लिए साईं उस लड़के के पीछे दौड़ा। मोहन खड़ा देखता रहा, साईं आँखों से ओझल हो गया।

चौराहे तक दौड़ते-दौड़ते साईं को ठोकर लगी, वह गिर पड़ा। सिर से खून बहने लगा। खिझाने के लिए जो लड़का उसका गूदड़ लेकर भागा था, वह डर से ठिठका रहा। दूसरी ओर से मोहन के पिता ने उसे पकड़ लिया, दूसरे हाथ से साईं को पकड़ कर उठाया। नटखट लड़के के सर पर चपत पड़ने लगी; साईं उठकर खड़ा हो गया।

''मत मारो, मत मारो, चोट आती होगी!'' साईं ने कहा-और लड़के को छुड़ाने लगा! मोहन के पिता ने साईं से पूछा-''तब चीथड़े के लिए दौड़ते क्यों थे?''

सिर फटने पर भी जिसको रुलाई नहीं आयी थी, वह साईं लड़के को रोते देखकर रोने लगा। उसने कहा-''बाबा, मेरे पास, दूसरी कौन वस्तु है, जिसे देकर इन 'रामरूप' भगवान को प्रसन्न करता!''

"तो क्या तुम इसीलिए गूदड़ रखते हो?"

"इस चीथड़े को लेकर भागते हैं भगवान् और मैं उनसे लड़कर छीन लेता हूँ; रखता हूँ फिर उन्हीं से छिनवाने के लिए, उनके मनोविनोद के लिए। सोने का खिलौना तो उचक्के भी छीनते हैं, पर चीथड़ों पर भगवान् ही दया करते हैं!" इतना कहकर बालक का मुँह पोंछते हुए मित्र के समान गलबाँही डाले हुए साईं चला गया।

मोहन के पिता आश्चर्य से बोले-"गूदड़ साईं! तुम निरे गूदड़ नहीं; गुदड़ी के लाल हो!!"

गुदड़ी में लाल

दीर्घ निश्वासों का क्रीड़ा-स्थल, गर्म-गर्म आँसुओं का फूटा हुआ पात्र! कराल काल की सारंगी, एक बुढ़िया का जीर्ण कंकाल, जिसमें अभिमान के लय में करुणा की रागिनी बजा करती है।

अभागिनी बुढ़िया, एक भले घर की बहू-बेटी थी। उसे देखकर दयालु वयोवृद्ध, हे भगवान! कहके चुप हो जाते थे। दुष्ट कहते थे कि अमीरी में बड़ा सुख लूटा है। नवयुवक देश-भक्त कहते थे, देश दरिद्र है; खोखला है। अभागे देश में जन्मग्रहण करने का फल भोगती है। आगामी भविष्य की उज्ज्वलता में विश्वास रखकर हृदय के रक्त पर सन्तोष करे। जिस देश का भगवान् ही नहीं; उसे विपत्ति क्या! सुख क्या!

परन्तु बुढ़िया सबसे यही कहा करती थी-”मैं नौकरी करूँगी। कोई मेरी नौकरी लगा दो।” देता कौन? जो एक घड़ा जल भी नहीं भर सकती, जो स्वयं उठ कर सीधा खड़ी नहीं हो सकती थी, उससे कौन काम कराये? किसी की सहायता लेना पसन्द नहीं, किसी की भिक्षा का अन्न उसके मुख में पैठता ही न था। लाचार होकर बाबू रामनाथ ने उसे अपनी दुकान में रख लिया। बुढ़िया की बेटी थी, वह दो पैसे कमाती थी। अपना पेट पालती थी, परन्तु बुढ़िया का विश्वास था कि कन्या का धन खाने से उस जन्म में बिल्ली, गिरगिट और भी क्या-क्या होता है। अपना-अपना विश्वास ही है, परन्तु धार्मिक विश्वास हो या नहीं, बुढ़िया को अपने आत्माभिमान का पूर्ण विश्वास था। वह अटल रही। सर्दी के दिनों में अपने ठिठुरे हुए हाथ से वह अपने लिए पानी भर के रखती। अपनी बेटी से सम्भवत: उतना ही काम कराती, जितना अमीरी के दिनों में कभी-कभी उसे अपने घर बुलाने पर कराती।

बाबू रामनाथ उसे मासिक वृत्ति देते थे। और भी तीन-चार पैसे उसे चबेनी के, जैसे और नौकरों को मिलते थे, मिला करते थे। कई बरस बुढ़िया के बड़ी प्रसन्नता से कटे। उसे न तो दुःख था और न सुख। दुकान में झाड़ू लगाकर उसकी बिखरी हुई चीजों को बटोरे रहना और बैठे-बैठे थोड़ा-घना जो काम हो, करना बुढ़िया का दैनिक कार्य था। उससे कोई नहीं पूछता था कि तुमने कितना काम किया। दुकान के और कोई नौकर यदि दुष्टतावश उसे छेड़ते भी थे, तो रामनाथ उन्हें डाँट देता था।

वसन्त, वर्षा, शरद और शिशिर की सन्ध्या में जब विश्व की वेदना, जगत् की थकावट, धूसर चादर में मुँह लपेट कर क्षितिज के नीरव प्रान्त में सोने जाती थी; बुढ़िया अपनी कोठरी में लेट रहती। अपनी कमाई के पैसे से पेट भरकर, कठोर पृथ्वी की कोमल रोमावली के समान हरी-हरी दूब पर भी लेट रहना किसी-किसी के सुखों की संख्या है, वह सबको प्राप्त नहीं। बुढ़िया धन्य हो जाती थी, उसे सन्तोष होता।

एक दिन उस दुर्बल, दीन, बुढ़िया को बनिये की दुकान में लाल मिरचे फटकना पड़ा। बुढ़िया ने किसी-किसी कष्ट से उसे सँवारा। परन्तु उसकी तीव्रता वह सहन न कर सकी। उसे मूर्च्छा आ गयी। रामनाथ ने देखा, और देखा अपने कठोर ताँबे के पैसे की ओर। उसके हृदय ने धिक्कारा, परन्तु अन्तरात्मा ने ललकारा। उस बनिया रामनाथ को साहस हो गया। उसने सोचा, क्या इस बुढ़िया को ‘पिन्सिन’ नहीं दे सकता? क्या उनके पास इतना अभाव है? अवश्य दे सकता है। उसने मन में निश्चय किया। “तुम बहुत थक गयी हो, अब तुमसे काम नहीं हो सकता।” बुढ़िया के देवता कूच कर गये। उसने कहा-“नहीं नहीं, अभी तो मैं अच्छी तरह काम कर लेती हूँ।” “नहीं, अब तुम काम करना बन्द

कर दो, मैं तुमको घर बैठे दिया करूँगा।"

"नहीं बेटा! अभी तुम्हारा काम मैं अच्छा-भला किया करूँगी।" बुढ़िया के गले में काँटे पड़ गये थे। किसी सुख की इच्छा से नहीं, पेन्शन के लोभ से भी नहीं। उसके मन में धक्का लगा। वह सोचने लगी-"मैं बिना किसी काम के किये इसका पैसा कैसे लूँगी?" क्या यह भीख नहीं?" आत्माभिमान झनझना उठा। हृदय-तन्त्री के तार कड़े होकर चढ़ गये। रामनाथ ने मधुरता से कहा-"तुम घबराओ मत, तुमको कोई कष्ट न होगा।"

बुढ़िया चली आयी। उसकी आँखों में आँसू न थे। आज वह सूखे काठ-सी हो गयी। घर जाकर बैठी, कोठरी में अपना सामान एक ओर सुधारने लगी। बेटी ने कहा-"माँ, यह क्या करती हो?"

माँ ने कहा-"चलने की तैयारी करो।"

रामनाथ अपने मन में अपनी प्रशंसा कर रहा था, अपने को धन्य समझता था। उसने समझ लिया कि हमने आज एक अच्छा काम करने का संकल्प किया है। भगवान् इससे अवश्य प्रसन्न होंगे।

बुढ़िया अपनी कोठरी में बैठी-बैठी विचारती थी, "जीवन भर के सञ्चित इस अभिमान-धन को एक मुट्ठी अन्न की भिक्षा पर बेच देना होगा। असह्य! भगवान् क्या मेरा इतना सुख भी नहीं देख सकते! उन्हें सुनना होगा।" वह प्रार्थना करने लगी।

"इस अनन्त ज्वालामयी सृष्टि के करता! क्या तुम्हीं करुणा-निधान हो? क्या इसी डर से तुम्हारा अस्तित्व माना जाता है? अभाव, आशा, असन्तोष और आर्तनादों के आचार्य! क्या तुम्हीं दीनानाथ हो? तुम्हीं ने वेदना का विषम जाल फैलाया है? तुम्हीं ने निष्ठर दुःखों के सहने के लिए मानव-हृदय सा कोमल पदार्थ चुना है और उसे विचारने के लिए, स्मरण करने के लिए दिया है अनुभवशील मस्तिष्क? कैसी कठोर कल्पना है, निष्ठर! तुम्हारी कठोर करुणा की जय हो! मैं चिर पराजित हूँ।"

सहसा बुढ़िया के शीर्ण मुख पर कान्ति आ गयी। उसने देखा, एक स्वर्गीय ज्योति उसे बुला रही है। वह हँसी, फिर शिथिल होकर लेट रही।

रामनाथ ने दूसरे ही दिन सुना कि बुढ़िया चली गयी। वेदना-क्लेशहीन-अक्षयलोक में उसे स्थान मिल गया। उस महीने की पेन्शन से उसका दाह-कर्म करा दिया। फिर एक दीर्घ निश्वास छोड़कर बोला, "अमीरी की बाढ़ में न जाने कितनी वस्तु कहाँ से आकर एकत्र हो जाती हैं, बहुतों के पास उस बाढ़ के घट जाने पर केवल कुर्सी, कोच और टूट गहने रह जाते हैं। परन्तु बुढ़िया के पास रह गया था सच्चा स्वाभिमान गुदड़ी का लाल।"

अघोरी का मोह

१

"आज तो भैया, मूँग की बरफी खाने को जी नहीं चाहता, यह साग तो बड़ा ही चटकीला है। मैं तो...."

"नहीं-नहीं जगन्नाथ, उसे दो बरफी तो जरूर ही दे दो।"

"न-न-न। क्या करते हो, मैं गंगा जी में फेंक दूँगा।"

"लो, तब मैं तुम्ही को उलटे देता हूँ।" ललित ने कह कर किशोर की गर्दन पकड़ ली। दीनता से भोली और प्रेम-भरी आँखों से चन्द्रमा की ज्योति में किशोर ने ललित की ओर देखा। ललित ने दो बरफी उसके खुले मुख में डाल दी। उसने भरे हुए मुख से कहा,-भैया, अगर ज्यादा खाकर मैं बीमार हो गया।" ललित ने उसके बर्फ के समान गालों पर चपत लगाकर कहा-"तो मैं सुधाविन्द का नाम गरलधारा रख दूँगा। उसके एक बूँद में सत्रह बरफी पचाने की ताकत है। निर्भय होकर भोजन और भजन करना चाहिए।"

शरद की नदी अपने करारों में दबकर चली जा रही है। छोटा-सा बजरा भी उसी में अपनी इच्छा से बहता हुआ जा रहा है, कोई रोक-टोक नहीं है। चाँदनी निखर रही थी, नाव की सैर करने के लिए ललित अपने अतिथि किशोर के साथ चला आया है। दोनों में पवित्र सौहाद्रर है। जाह्नवी की धवलता आ दोनों की स्वच्छ हँसी में चन्द्रिका के साथ मिलकर एक कुतूहलपूर्ण जगत् को देखने के लिए आवाहन कर रही है। धनी सन्तान ललित अपने वैभव में भी किशोर के साथ दीनता का अनुभव करने में बड़ा उत्सुक है। वह सानन्द अपनी दुर्बलताओं को, अपने अभाव को, अपनी करुणा को, उस किशोर बालक से व्यक्त कर रहा है। इसमें उसे सुख भी है, क्योंकि वह एक न समझने वाले हिरन के समान बड़ी-बड़ी भोली आँखों से देखते हुए केवल सुन लेने वाले व्यक्ति से अपनी समस्त कथा कहकर अपना बोझ हलका कर लेता है। और उसका दुःख कोई समझने वाला व्यक्ति न सुन सका, जिससे उसे लज्जित होना पड़ता, यह उसे बड़ा सुयोग मिला है।

ललित को कौन दुःख है? उसकी आत्मा क्यों इतनी गम्भीर है? यह कोई नहीं जानता। क्योंकि उसे सब वस्तु की पूर्णता है, जितनी संसार में साधारणत: चाहिए; फिर भी उसकी नील नीरद-माला-सी गम्भीर मुखाकृति में कभी-कभी उदासीनता बिजली की तरह चमक जाती है।

ललित और किशोर बात करते-करते हँसते-हँसते अब थक गये हैं। विनोद के बाद अवसाद का आगमन हुआ। पान चबाते-चबाते ललित ने कहा-"चलो जी, अब घर की ओर।"

माँझियों ने डाँड़ लगाना आरम्भ किया। किशोर ने कहा-"भैया, कल दिन में इधर देखने की बड़ी इच्छा है। बोलो, कल आओगे?" ललित चुप था। किशोर ने कान में चिल्ला कर कहा-"भैया! कल आओगे न?" ललित ने चुप्पी साध ली। किशोर ने फिर कहा-"बोलो भैया, नहीं तो मैं तुम्हारा पैर दबाने लगूँगा।"

ललित पैर छूने से घबरा कर बोला-"अच्छा, तुम कहो कि हमको किसी दिन अपनी सूखी रोटी

खिलाओगे?..."

किशोर ने कहा-"मैं तुमको खीरमोहन, दिलखुश.." ललित ने कहा-"न-न-न.. मैं तुम्हारे हाथ से सूखी रोटी खाऊँगा-बोलो, स्वीकार है? नहीं तो मैं कल नहीं आऊँगा।"

किशोर ने धीरे से स्वीकार कर लिया। ललित ने चन्द्रमा की ओर देखकर आँख बंद कर लिया। बरौनियों की जाली से इन्द की किरणें घुसकर फिर कोर में से मोती बन-बन कर निकल भागने लगीं। यह कैसी लीला थी!

२

25 वर्ष के बाद

कोई उसे अघोरी कहते हैं, कोई योगी। मुर्दा खाते हुए किसी ने नहीं देखा है, किन्तु खोपड़ियों से खेलते हुए, उसके जोड़ की लिपियों को पढ़ते हुए, फिर हँसते हुए, कई व्यक्तियों ने देखा है। गाँव की स्त्रियाँ जब नहाने आती हैं, तब कुछ रोटी, दूध, बचा हुआ चावल लेती आती हैं। पञ्चवटी के बीच में झोंपड़ी में रख जाती हैं। कोई उससे यह भी नहीं पूछता कि वह खाता है या नहीं। किसी स्त्री के पूछने पर-"बाबा, आज कुछ खाओगे-, अघोरी बालकों की-सी सफेद आँखों से देख कर बोल उठता- "माँ।" युवतियाँ लजा जातीं। वृद्धाएँ करुणा से गद्-गद हो जातीं और बालिकाएँ खिलखिला कर हँस पड़तीं तब अघोरी गंगा के किनारे उतर कर चला जाता और तीर पर से गंगा के साथ दौड़ लगाते हुए कोसों चला जाता, तब लोग उसे पागल कहते थे। किन्तु कभी-कभी सन्ध्या को सन्तरे के रंग से जब जाह्नवी का जल रँग जाता है और पूरे नगर की अट्टालिकाओं का प्रतिबिम्ब छाया-चित्र का दृश्य बनाने लगता, तब भाव-विभोर होकर कल्पनाशील भावुक की तरह वही पागल निर्निमेष दृष्टि से प्रकृति के अदृश्य हाथों से बनाये हुए कोमल कारीगरी के कमनीय कुसुम को-नन्हें-से फूल को-बिना तोड़े हुए उन्हीं घासों में हिलाकर छोड़ देता और स्नेह से उसी ओर देखने लगता, जैसे वह उस फूल से कोई सन्देश सुन रहा हो।

--

शीत-काल है। मध्याह्न है। सवेरे से अच्छा कुहरा पड़ चुका है। नौ बजने के बाद सूर्य का उदय हुआ है। छोटा-सा बजरा अपनी मस्तानी चाल से जाह्नवी के शीतल जल में सन्तरण कर रहा है। बजरे की छत पर तकिये के सहारे कई बच्चे और स्त्री-पुरुष बैठे हुए जल-विहार कर रहे हैं।

कमला ने कहा-"भोजन कर लीजिए, समय हो गया है।" किशोर ने कहा-"बच्चों को खिला दो, अभी और दूर चलने पर हम खाएँगे।" बजरा जल से कल्लोल करता हुआ चला जा रहा है। किशोर शीतकाल के सूर्य की किरणों से चमकती हुई जल-लहरियों को उदासीन अथवा स्थिर दृष्टि से देखता हुआ न जाने कब की और कहाँ की बातें सोच रहा है। लहरें क्यों उठती हैं और विलीन होती हैं, बुदबुद और जल-राशि का क्या सम्बन्ध है? मानव-जीवन बुदबुद है कि तरंग? बुदबुद है, तो विलीन होकर फिर क्यों प्रकट होता है? मलिन अंश फेन कुछ जलबिन्द से मिलकर बुदबुद का अस्तित्व क्यों बना देता है? क्या वासना और शरीर का भी यही सम्बन्ध है? वासना की शक्ति? कहाँ-कहाँ किस रूप में अपनी इच्छा चरितार्थ करती हुई जीवन को अमृत-गरल का संगम बनाती हुई अनन्त काल तक दौड़ लगायेगी? कभी अवसान होगा, कभी अनन्त जल-राशि में विलीन होकर वह अपनी अखण्ड समाधि लेगी? ..... हैं, क्या सोचने लगा? व्यर्थ की चिन्ता। उहँ।"

नवल ने कहा-"बाबा, ऊपर देखो। उस वृक्ष की जड़ें कैसी अद्भुत फैली हुई हैं।"

किशोर ने चौंक कर देखा। वह जीर्ण वृक्ष, कुछ अनोखा था। और भी कई वृक्ष ऊपर के करारे को उसी तरह घेरे हुए हैं, यहाँ अघोरी की पञ्चवटी है। किशोर ने कहा-"नाव रोक दे। हम यहीं ऊपर चलकर ठहरेंगे। वहीं जलपान करेंगे।" थोड़ी देर में बच्चों के साथ किशोर और कमला उतरकर

पञ्चवटी के करारे पर चढ़ने लगे।

--

सब लोग खा-पी चुके। अब विश्राम करके नाव की ओर पलटने की तैयारी है। मलिन अंग, किन्तु पवित्रता की चमक, मुख पर रुक्षकेश, कौपीनधारी एक व्यक्ति आकर उन लोगों के सामने खड़ा हो गया।

"मुझे कुछ खाने को दो।" दूर खड़ा हुआ गाँव का एक बालक उसे माँगते देखकर चकित हो गया। वह बोला, "बाबू जी, यह पञ्चवटी के अघोरी हैं।"

किशोर ने एक बार उसकी ओर देखा, फिर कमला से कहा-"कुछ बचा हो, तो इसे दे दो।"

कमला ने देखा, तो कुछ परावठे बचे थे। उसने निकालकर दे दिया।

किशोर ने पूछा-"और कुछ नहीं है?" उसने कहा-"नहीं।"

अघोरी उस सूखे परावठे को लेकर हँसने लगा। बोला-"हमको और कुछ न चाहिए।" फिर एक खेलते हुए बच्चे को गोद में उठा कर चूमने लगा। किशोर को बुरा लगा। उसने कहा-"उसे छोड़ दो, तुम चले जाओ।"

अघोरी ने हताश दृष्टि से एक बार किशोर की ओर देखा और बच्चे को रख दिया। उसकी आँखें भरी थीं, किशोर को कुतूहल हुआ। उसने कुछ पूछना चाहा, किन्तु वह अघोरी धीरे-धीरे चला गया। किशोर कुछ अव्यवस्थित हो गये। वह शीघ्र नाव पर सब को लेकर चले आये।

नाव नगर की ओर चली। किन्तु किशोर का हृदय भारी हो गया था। वह बहुत विचारते थे, कोई बात स्मरण करना चाहते थे, किन्तु वह ध्यान में नहीं आती थी-उनके हृदय में कोई भूली हुई बात चिकोटी काटती थी, किन्तु वह विवश थे। उन्हें स्मरण नहीं होता था। मातृ-स्नेह से भरी हुई कमला ने सोचा कि हमारे बच्चों को देखकर अघोरी को मोह हो गया।

पाप की पराजय

१

घने हरे कानन के हृदय में पहाड़ी नदी झिर-झिर करती बह रही है। गाँव से दूर, बन्दक लिये हुए शिकारी के वेश में, घनश्याम दूर बैठा है। एक निरीह शशक मारकर प्रसन्नता से पतली-पतली लकड़ियों में उसका जलना देखता हुआ प्रकृति की कमनीयता के साथ वह बड़ा अन्याय कर रहा है। किन्तु उसे दायित्व-विहीन विचारपति की तरह बेपरवाही है। जंगली जीवन का आज उसे बड़ा अभिमान है। अपनी सफलता पर आप ही मुग्ध होकर मानव-समाज की शैशवावस्था की पुनरावृत्ति करता हुआ निर्दय घनश्याम उस अधजले जन्तु से उदर भरने लगा। तृप्त होने पर वन की सुधि आई। चकित होकर देखने लगा कि यह कैसा रमणीय देश है। थोड़ी देर में तन्द्रा ने उसे दबा दिया। वह कोमल वृत्ति विलीन हो गयी। स्वप्न ने उसे फिर उद्वेलित किया। निर्मल जल-धारा से धुले हुए पत्तों का घना कानन, स्थान-स्थान पर कुसुमित कुञ्ज, आन्तरिक और स्वाभाविक आलोक में उन कुञ्जों की कोमल छाया, हृदय-स्पर्शकारी शीतल पवन का सञ्चार, अस्फुट आलेख्य के समान उसके सामने स्फुरित होने लगे।

घनश्याम को सुदूर से मधुर झंकार-सी सुनाई पड़ने लगी। उसने अपने को व्याकुल पाया। देखा तो एक अद्भुत दृश्य! इन्द्रनील की पुतली फूलों से सजी हुई झरने के उस पार पहाड़ी से उतर कर बैठी है। उसके सहज-कुञ्चित केश से वन्य कुरुवक कलियाँ कूद-कूद कर जल-लहरियों से क्रीड़ा कर रही हैं। घनश्याम को वह वनदेवी-सी प्रतीत हुई। यद्यपि उसका रंग कंचन के समान नहीं, फिर भी गठन साँचे में ढला हुआ है। आकर्ण विस्तृत नेत्र नहीं, तो भी उनमें एक स्वाभाविक राग है। यह कवि की कल्पना-सी कोई स्वर्गीया आकृति नहीं, प्रत्युत एक भिल्लिनी है। तब भी इसमें सौन्दर्य नहीं है, यह कोई साहस के साथ नहीं कह सकता। घनश्याम ने तन्द्रा से चौंककर उस सहज सौन्दर्य को देखा और विषम समस्या में पड़कर यह सोचने लगा-"क्या सौन्दर्य उपासना की ही वस्तु है, उपभोग की नहीं?" इस प्रश्न को हल करने के लिए उसने हण्टिंग कोट के पाकेट का सहारा लिया। क्लान्तिहारिणी का पान करने पर उसकी आँखों पर रंगीन चश्मा चढ़ गया। उसकी तन्द्रा का यह काल्पनिक स्वर्ग धीरे-धीरे विलास-मन्दिर में परिणत होने लगा। घनश्याम ने देखा कि अदभुत रूप, यौवन की चरम सीमा और स्वास्थ्य का मनोहर संस्करण, रंग बदलकर पाप ही सामने आया।

पाप का यह रूप, जब वह वासना को फाँस कर अपनी ओर मिला चुकता है, बड़ा कोमल अथच कठोर एवं भयानक होता है और तब पाप का मुख कितना सुन्दर होता है! सुन्दर ही नहीं, आकर्षक भी, वह भी कितना प्रलोभन-पूर्ण और कितना शक्तिशाली, जो अनुभव में नहीं आ सकता। उसमें विजय का दर्प भरा रहता है। वह अपने एक मृदु मुस्कान से सुदृढ़ विवेक की अवहेलना करता है। घनश्याम ने धोखा खाया और क्षण भर में वह सरल सुषमा विलुप्त होकर उद्दीपन का अभिनय करने लगी। यौवन ने भी उस समय काम से मित्रता कर ली। पाप की सेना और उसका आक्रमण प्रबल हो चला। विचलित होते ही घनश्याम को पराजित होना पड़ा। वह आवेश में बाँहें फैलाकर झरने को पार करने लगा।

नील की पुतली ने उस ओर देखा भी नहीं। युवक की मांसल पीन भुजायें उसे आलिंगन किया

ही चाहती थीं कि ऊपर पहाड़ी पर से शब्द सुनाई पड़ा-"क्यों नीला, कब तक यहीं बैठी रहेगी? मुझे देर हो रही है। चल, घर चलें।"

घनश्याम ने सिर उठा कर देखा तो ज्योतिर्मयी दिव्य मूर्ति रमणी सुलभ पवित्रता का ज्वलन्त प्रमाण, केवल यौवन से ही नहीं, बल्कि कला की दृष्टि से भी, दृष्टिगत हुई। किन्तु आत्म-गौरव का दुर्ग किसी की सहज पाप-वासना को वहाँ फटकने नहीं देता था। शिकारी घनश्याम लज्जित तो हुआ ही, पर वह भयभीत भी था। पुण्य-प्रतिमा के सामने पाप की पराजय हुई। नीला ने घबराकर कहा-"रानी जी, आती हूँ। जरा मैं थक गयी थी।" रानी और नीला दोनों चली गयीं। अबकी बार घनश्याम ने फिर सोचने का प्रयास किया-क्या सौन्दर्य उपभोग के लिये नहीं, केवल उपासना के लिए है?" खिन्न होकर वह घर लौटा। किन्तु बार-बार वह घटना याद आती रही। घनश्याम कई बार उस झरने पर क्षमा माँगने गया। किन्तु वहाँ उसे कोई न मिला।

२

जो कठोर सत्य है, जो प्रत्यक्ष है, जिसकी प्रचण्ड लपट अभी नदी में प्रतिभाषित हो रही है, जिसकी गर्मी इस शीतल रात्रि में भी अंक में अनुभूत हो रही है, उसे असत्य या उसे कल्पना कह कर उड़ा देने के लिए घनश्याम का मन हठ कर रहा है।

थोड़ी देर पहले जब (नदी पर से मुक्त आकाश में एक टुकड़ा बादल का उठ आया था) चिता लग चुकी थी, घनश्याम आग लगाने को उपस्थित था। उसकी स्त्री चिता पर अतीत निद्रा में निमग्न थी। निठुर हिन्द-शास्त्र की कठोर आज्ञा से जब वह विद्रोह करने लगा था, उसी समय घनश्याम को सान्त्वना हुई, उसने अचानक मूर्खता से अग्नि लगा दी। उसे ध्यान हुआ कि बादल बरस कर निर्दय चिता को बुझा देंगे, उसे जलने न देंगे। किन्तु व्यर्थ? चिता ठंडी होकर और भी ठहर-ठहर कर सुलगने लगी, क्षण भर में जल कर राख न होने पायी।

घनश्याम ने हृदय में सोचा कि यदि हम मुसलमान या ईसाई होते तो? आह! फूलों से मिली हुई मुलायम मिट्टी में इसे सुला देते, सुन्दर समाधि बनाते, आजीवन प्रति सन्ध्या को दीप जलाते, फूल चढ़ाते, कविता पढ़ते, रोते, आँसू बहाते, किसी तरह दिन बीत जाते। किन्तु यहाँ कुछ भी नहीं। हत्यारा समाज! कठोर धर्म! कुत्सित व्यवस्था! इनसे क्या आशा? चिता जलने लगी।

३

श्मशान से लौटते समय घनश्याम ने साथियों को छोड़कर जंगल की ओर पैर बढ़ाया। जहाँ प्रायः शिकार खेलने जाया करता, वहीं जाकर बैठ गया। आज वह बहुत दिनों पर इधर आया है। कुछ ही दूरी पर देखा कि साखू के वृक्ष की छाया में एक सुकुमार शरीर पड़ा है। सिरहाने तकिया का काम हाथ दे रहा है। घनश्याम ने अभी कड़ी चोट खायी है। करुण-कमल का उसके आर्द्र मानस में विकास हो गया था। उसने समीप जाकर देखा कि वह रमणी और कोई नहीं है, वह रानी है, जिसे उसने बहुत दिन हुए एक अनोखे ढंग में देखा था। घनश्याम की आहट पाते ही रानी उठ बैठी। घनश्याम ने पूछा-"आप कौन हैं? क्यों यहाँ पड़ी हैं?"

रानी-"मैं केतकी-वन की रानी हूँ।"

"तब ऐसे क्यों?"

"समय की प्रतीक्षा में पड़ी हूँ।"

"कैसा समय?"

"आप से क्या काम?" क्या शिकार खेलने आये हैं?"

"नहीं देवी! आज स्वयं शिकार हो गया हूँ?"

"तब तो आप शीघ्र ही शहर की ओर पलटेंगे। क्या किसी भिल्लनी के नयन-बाण लगे हैं? किन्तु नहीं, मैं भूल कर रही हूँ। उन बेचारियों को क्षुधा-ज्वाला ने जला रक्खा है। ओह, वह गढ़े में धँसी हुई आँखें अब किसी को आकर्षित करने का सामर्थ्य नहीं रखतीं। हे भगवान, मैं किसलिए पहाड़ी से उतर कर आयी हूँ।"

"देवी! आपका अभिप्राय क्या है, मैं समझ न सका। क्या ऊपर अकाल है, दुर्भिक्ष है?"

"नहीं-नहीं, ईश्वर का प्रकोप है, पवित्रता का अभिशाप है, करुणा की वीभत्स मूर्ति का दर्शन है।"

"तब आपकी क्या इच्छा है?"

"मैं वहाँ की रानी हूँ। मेरे वस्त्र-आभूषण-भण्डार में जो कुछ था, सब बेच कर तीन महीने किसी प्रकार उन्हें खिला सकी, अब मेरे पास केवल इस वस्त्र को छोड़कर और कुछ नहीं रहा कि विक्रय करके एक भी क्षुधित पेट की ज्वाला बुझाती, इसलिए ....।"

"क्या?"

"शहर चलूँगी। सुना है कि वहाँ रूप का भी दाम मिलता है। यदि कुछ मिल सके .."

"तब?"

"तो इसे भी बेच दूँगी। अनाथ बालकों को इससे कुछ तो सहायता पहुँच सकेगी। क्यों, क्या मेरा रूप बिकने योग्य नहीं है?"

युवक घनश्याम इसका उत्तर देने में असमर्थ था। कुछ दिन पहले वह अपना सर्वस्व देकर भी ऐसा रूप क्रय करने को प्रस्तुत हो जाता। आज वह अपनी स्त्री के वियोग में बड़ा ही सीधा, धार्मिक, निरीह एवं परोपकारी हो गया था। आर्त मुमुक्षु की तरह उसे न जाने किस वस्तु की खोज थी।

घनश्याम ने कहा–"मैं क्या उत्तर दूँ?"

"क्यों? क्या दाम न लगेगा? हाँ तुम भी आज किस वेश में हो? क्या सोचते हो? बोलते क्यों नहीं?"

"मेरी स्त्री का शरीरान्त हो गया।"

"तब तो अच्छा हुआ, तुम नगर के धनी हो। तुम्हें तो रूप की आवश्यकता होती होगी। क्या इसे क्रय करोगे?"

घनश्याम ने हाथ जोड़कर सिर नीचा कर लिया। तब उस रानी ने कहा–"उस दिन तो एक भिल्लनी के रूप पर मरते थे। क्यों, आज क्या हुआ?"

"देवी, मेरा साहस नहीं है–वह पाप का वेग था।"

"छि: पाप के लिए साहस था और पुण्य के लिए नहीं?"

घनश्याम रो पड़ा और बोला–"क्षमा कीजिएगा। पुण्य किस प्रकार सम्पादित होता है, मुझे नहीं मालूम। किन्तु इसे पुण्य कहने में..।"

"संकोच होता है। क्यों?"

इसी समय दो-तीन बालक, चार-पाँच स्त्रियाँ और छ:-सात भील अनाहार-क्लिष्ट शीर्ण कलेवर पवन के बल से हिलते-डुलते रानी के सामने आकर खड़े हो गये।

रानी ने कहा–"क्यों अब पाप की परिभाषा करोगे?"

घनश्याम ने काँप कर कहा–"नहीं, प्रायश्चित करूँगा, उस दिन के पाप का प्रायश्चित।"

युवक घनश्याम वेग से उठ खड़ा हुआ, बोला-"बहिन, तुमने मेरे जीवन को अवलम्ब दिया है। मैं निरुद्देश्य हो रहा था, कर्तव्य नहीं सूझ पड़ता था। आपको क्रय-विक्रय न करना पड़ेगा। देवी! मैं सन्ध्या तक आ जाऊँगा।"

"सन्ध्या तक?"

"और भी पहले।"

बालक रोने लगे-"रानी माँ, अब नहीं रह जाता।" घनश्याम से भी नहीं रहा गया, वह भागा।

घनश्याम की पापभूमि, देखते-देखते गाड़ी और छकड़ों से भर गयी, बाजार लग गया, रानी के प्रबन्ध में घनश्याम ने वहीं पर अकाल पीड़ितों की सेवा आरम्भ कर दी।

जो घटना उसे बार-बार स्मरण होती थी, उसी का यह प्रायश्चित था। घनश्याम ने उसी भिल्लनी को प्रधान प्रबन्ध करनेवाली देख कर आश्चर्य किया। उसे न जाने क्यों हर्ष और उत्साह दोनों हुए।

सहयोग

मनोरमा, एक भूल से सचेत होकर जब तक उसे सुधारने में लगती है, तब तक उसकी दूसरी भूल उसे अपनी मनुष्यता पर ही सन्देह दिलाने लगती है। प्रतिदिन प्रतिक्षण भूल की अविच्छिन्न शृंखला मानव-जीवन को जकड़े हुए है, यह उसने कभी हृदयंगम नहीं किया। भ्रम को उसने शत्रु के रूप में देखा। वह उससे प्रति-पद शंकित और संदिग्ध रहने लगी! उसकी स्वाभाविक सरलता, जो बनावटी भ्रम उत्पन्न कर दिया करती थी, और उसके अस्तित्व में सुन्दरता पालिश कर दिया करती थी, अब उससे बिछुड़ने लगी। वह एक बनावटी रूप और आवभगत को अपना आभरण समझने लगी।

मोहन, एक हृदय-हीन युवक उसे दिल्ली से ब्याह लाया था। उसकी स्वाभाविकता पर अपने आतंक से क्रूर शासन करके उसे आत्मचिन्ताशून्य पति-गत-प्राणा बनाने की उत्कट अभिलाषा से हृदय-हीन कल से चलती-फिरती हुई पुतली बना डाला और वह इसी में अपनी विजय और पौरुष की पराकाष्ठा समझने लगा था।

धीरे-धीरे अब मनोरमा में अपना निज का कुछ नहीं रहा। वह उसे एक प्रकार से भूल-सी गयी थी। दिल्ली के समीप का यमुना-तट का वह गाँव, जिसमें वह पली थी, बढ़ी थी, अब उसे कुछ विस्मृत-सा हो चला था। वह ब्याह करने के बाद द्विरागमन के अवसर पर जब से अपनी ससुराल आयी थी, वह एक अद्भुत दृश्य था। मनुष्य-समाज में पुरुषों के लिए वह कोई बड़ी बात न थी, किन्तु जब उन्हें घर छोड़कर कभी किसी काम में परदेश जाना पड़ता है, तभी उनको उस कथा के अधम अंश का आभास सूचित होता है। वह सेवा और स्नेहवृत्तिवाली स्त्रियाँ ही कर सकती हैं। जहाँ अपना कोई नहीं है, जिससे कभी की जान-पहचान नहीं, जिस स्थान पर केवल बधू-दर्शन का कुतूहल मात्र उसकी अभ्यर्थना करने वाला है, वहाँ वह रोते और सिसकते किसी साहस से आयी और किसी को अपने रूप से, किसी को विनय से, किसी को स्नेह से उसने वश करना आरम्भ किया। उसे सफलता भी मिली। जिस तरह एक महाउद्योगी किसी भारी अनुसन्धान के लिए अपने घर से अलग होकर अपने सहारे अपना साधन बनाता है, वा कथा-सरित्सागर के साहसिक लोग बैताल या विद्याधरत्त्व की सिद्धि के असम्भवनीय साहस का परिचय देते हैं, वह इन प्रतिदिन साहसकारिणी मनुष्य-जाति की किशोरियों के सामने क्या है, जिनकी बुद्धि और अवस्था कुछ भी इसके अनुकूल नहीं है।

हिन्द शास्त्रानुसार शूद्रा स्त्री मनोरमा ने आश्चर्यपूर्वक ससुराल में द्वितीय जन्म ग्रहण कर लिया। उसे द्विजन्मा कहने में कोई बाधा नहीं है।

१

मेला देखकर मोहन लौटा। उसकी अनुराग-लता, उसकी प्रगल्भा प्रेयसी ने उसका साथ नहीं दिया। सम्भवत: वह किसी विशेष आकर्षक पुरुष के साथ सहयोग करके चली गयी। मेला फीका हो गया। नदी के पुल पर एक पत्थर पर वह बैठ गया। अँधेरी रात धीरे-धीरे गम्भीर होती जा रही थी। कोलाहल, जनरव और रसीली तानें विरल हो चलीं। ज्यों-ज्यों एकान्त होने लगा, मोहन की आतुरता बढ़ने लगी। नदी-तट की शरद-रजनी में एकान्त, किसी की अपेक्षा करने लगा। उसका हृदय चञ्चल हो चला। मोहन ने सोचा, इस समय क्या करें? विनोदी हृदय उत्सुक हुआ। वह चाहे जो हो, किसी

की संगति को इस समय आवश्यक समझने लगा। प्यार न करने पर भी मनोरमा का ही ध्यान आया। समस्या हल होते देखकर वह घर की ओर चल पड़ा।

२

मनोरमा का त्योहार अभी बाकी था। नगर भर में एक नीरव अवसाद हो गया था; किन्तु मनोरमा के हृदय में कोलाहल हो रहा था। ऐसे त्योहार के दिन भी वह मोहन को न खिला सकी थी। लैम्प के मन्द प्रकाश में खिड़की के जंगले के पास वह बैठी रही। विचारने को कुछ भी उसके पास न था। केवल स्वामी की आशा में दास के समान वह उत्कण्ठित बैठी थी। दरवाजा खटका, वह उठी, चतुरा दासी से भी अच्छी तरह उसने स्वामी की अभ्यर्थना, सेवा, आदर और सत्कार करने में अपने को लगा दिया। मोहन चुपचाप अपने ग्रासों के साथ वाग्युद्ध और दन्तघर्षण करने लगा। मनोरमा ने भूलकर भी यह न पूछा कि तुम इतनी देर कहाँ थे? क्यों नहीं आये? न वह रूठी, न वह ऐंठी, गुरुमान की कौन कहे, लघुमान का छींटा नहीं। मोहन को यह और असह्य हो गया। उसने समझा कि हम इस योग्य भी नहीं रहे कि कोई हमसे यह पूछे-"तुम कहाँ इतनी देर मरते थे?" पत्नी का अपमान उसे और यन्त्रणा देने लगा। वह भोजन करते-करते अकस्मात् रुक गया। मनोरमा ने पूछा-"क्या दूध ले आऊँ, अब और कुछ नहीं लीजियेगा?"

साधारण प्रश्न था। किन्तु मोहन को प्रतीत हुआ कि यह तो अतिथि की-सी अभ्यर्थना है, गृहस्थ की अपने घर की सी नहीं। वह चट बोल उठा-"नहीं, आज दूध न लूँगा।" किन्तु मनोरमा तो तब तक दूध का कटोरा लेकर सामने आ गई, बोली-"थोड़ा-सा लीजिए, अभी गरम है।"

मोहन बार-बार सोचता था कि कोई ऐसी बात निकले जिसमें मुझे कुछ करना पड़े और मनोरमा मानिनी बने, मैं उसे मनाऊँ, किन्तु मनोरमा में वह मिट्टी ही नहीं रही। मनोरमा तो कल की पुतली हो गयी थी। मोहन ने-'दूध अभी गरम है', इसी में से देर होने का व्यंग निकाल लिया और कहा-"हाँ, आज मेला देखने चला गया था, इसी में देर हुई।"

किन्तु वहाँ कैफियत तो कोई लेता न था, देने के लिए प्रस्तुत अवश्य था। मनोरमा ने कहा-"नहीं, अभी देर तो नहीं हुई। आध घण्टा हुआ होगा कि दूध उतारा गया है।"

मोहन हताश हो गया। चुपचाप पलँग पर जा लेटा। मनोरमा ने उधर ध्यान भी नहीं दिया। वह चतुरता से गृहस्थी की सारी वस्तुओं को समेटने लगी। थोड़ी देर में इससे निबटकर वह अपनी भूल समझ गयी। चट पान लगाने बैठ गयी। मोहन ने यह देखकर कहा-"नहीं, मैं पान इस समय न खाऊँगा।"

मनोरमा ने भयभीत स्वर से कहा-"बिखरी हुई चीजें इकट्ठी न कर लेती, बिल्ली-चूहे उसे खराब कर देते। थोड़ी देर हुई है, क्षमा कीजिए। दो पान तो अवश्य खा लीजिए।"

बाध्य होकर मोहन को दो पान खाना पड़ा। अब मनोरमा पैर दबाने बैठी। वेश्या से तिरस्कृत मोहन घबरा उठा। वह इस सेवा से कब छुट्टी पावे? इस सहयोग से क्या बस चले। उसने विचारा कि मनोरमा को मैंने ही तो ऐसा बनाना चाहा था। अब वह ऐसी हुई, तो मुझे अब विरक्ति क्यों है? इसके चरित्र का यह अंश क्यों नहीं रुचता-किसी ने उसके कान में धीरे से कहा-"तुम तो अपनी स्त्री को अपनी दासी बनाना चाहते थे, जो वास्तव में तुम्हारी अन्तरात्मा को ईप्सित नहीं था। तुम्हारी कुप्रवृत्तियों की वह उत्तेजना थी कि वह तुम्हारी चिर-संगिनी न होकर दासी के समान आज्ञाकारिणी मात्र रहे। वही हुआ। अब क्यों झंखते हो!"

अकस्मात् मोहन उठ बैठा। मोहन और मनोरमा एक-दूसरे के पैर पकड़े हुए थे।

पत्थर की पुकार

१

नवल और विमल दोनों बात करते हुए टहल रहे थे। विमल ने कहा- "साहित्य-सेवा भी एक व्यसन है।"

"नहीं मित्र! यह तो विश्व भर की एक मौन सेवा-समिति का सदस्य होना है।"

"अच्छा तो फिर बताओ, तुमको क्या भला लगता है? कैसा साहित्य रुचता है?"

"अतीत और करुणा का जो अंश साहित्य में हो, वह मेरे हृदय को आकर्षित करता है।"

नवल की गम्भीर हँसी कुछ तरल हो गयी। उन्होंने कहा-"इससे विशेष और हम भारतीयों के पास धरा क्या है! स्तुत्य अतीत की घोषणा और वर्तमान की करुणा, इसी का गान हमें आता है। बस, यह भी एक भाँग-गाँजे की तरह नशा है।" विमल का हृदय स्तब्ध हो गया। चिर प्रसन्न-वदन मित्र को अपनी भावना पर इतना कठोर आघात करते हुए कभी भी उसने नहीं देखा था। वह कुछ विरक्त हो गया। मित्र ने कहा-"कहाँ चलोगे?" उसने कहा-"चलो, मैं थोड़ा घूम कर गंगा-तट पर मिलूँगा।" नवल भी एक ओर चला गया।

२

चिन्ता में मग्न विमल एक ओर चला। नगर के एक सूने मुहल्ले की ओर जा निकला। एक टूटी चारपाई अपने फूटे झिलँगे में लिपटी पड़ी है। उसी के बगल में दीन कुटी फूस से ढँकी हुई, अपना दरिद्र मुख भिक्षा के लिए खोले हुए बैठी है। दो-एक ढाँकी और हथौड़े, पानी की प्याली, कूची, दो काले शिलाखण्ड परिचारक की तरह उस दीन कुटी को घेरे पड़े हैं। किसी को न देखकर एक शिलाखण्ड पर न जाने किसके कहने से विमल बैठ गया। यह चुपचाप था। विदित हुआ कि दूसरा पत्थर कुछ धीरे-धीरे कह रहा है। वह सुनने लगा- "मैं अपने सुखद शैल में संलग्न था। शिल्पी! तूने मुझे क्यों ला पटका? यहाँ तो मानव की हिंसा का गर्जन मेरे कठोर वक्ष:स्थल का भेदन कर रहा है। मैं तेरे प्रलोभन में पड़ कर यहाँ चला आया था, कुछ तेरे बाहुबल से नहीं, क्योंकि मेरी प्रबल कामना थी कि मैं एक सुन्दर मूर्ति में परिणत हो जाऊँ। उसके लिए अपने वक्ष:स्थल को क्षत-विक्षत कराने को प्रस्तुत था। तेरी टाँकी से हृदय चिराने में प्रसन्न था! कि कभी मेरी इस सहनशीलता का पुरस्कार, सराहना के रूप में मिलेगा और मेरी मौन मूर्ति अनन्तकाल तक उस सराहना को चुपचाप गर्व से स्वीकार करती रहेगी। किन्तु निष्ठर! तूने अपने द्वार पर मुझे फूटे हुए ठीकरे की तरह ला पटका। अब मैं यहीं पर पड़ा-पड़ा कब तक अपने भविष्य की गणना करूँगा?"

पत्थर की करुणामयी पुकार से विमल को क्रोध का सञ्चार हुआ। और वास्तव में इस पुकार में अतीत और करुणा दोनों का मिश्रण था, जो कि उसके चित्त का सरल विनोद था। विमल भावप्रवण होकर रोष से गर्जन करता हुआ पत्थर की ओर से अनुरोध करने को शिल्पी के दरिद्र कुटीर में घुस पड़ा।

"क्यों जी, तुमने इस पत्थर को कितने दिनों से यहाँ ला रक्खा है? भला वह भी अपने मन में क्या समझता होगा? सुस्त होकर पड़े हो, उसकी कोई सुन्दर मूर्ति क्यों न बना डाली?" विमल ने रुक्ष स्वर में कहा।

पुरानी गुदड़ी में ढँकी हुई जीर्ण-शीर्ण मूर्ति खाँसी से कँप कर बोली-"बाबू जी! आपने तो मुझे कोई आज्ञा नहीं दी थी।"

"अजी तुम बना लिये होते, फिर कोई-न-कोई तो इसे ले लेता। भला देखो तो यह पत्थर कितने दिनों से पड़ा तुम्हारे नाम को रो रहा है।"-विमल ने कहा। शिल्पी ने कफ निकाल कर गला साफ करते हुए कहा-"आप लोग अमीर आदमी है। अपने कोमल श्रवणेन्द्रियों से पत्थर का रोना, लहरों का संगीत, पवन की हँसी इत्यादि कितनी सूक्ष्म बातें सुन लेते हैं, और उसकी पुकार में दत्तचित्त हो जाते हैं। करुणा से पुलकित होते हैं, किन्तु क्या कभी दुखी हृदय के नीरव क्रन्दन को भी अन्तरात्मा की श्रवणेन्द्रियों को सुनने देते हैं, जो करुणा का काल्पनिक नहीं, किन्तु वास्तविक रूप है?"

विमल के अतीत और करुणा-सम्बन्धी समस्त सद्भाव कठोर कर्मण्यता का आवाहन करने के लिए उसी से विद्रोह करने लगे। वह स्तब्ध होकर उसी मलिन भूमि पर बैठ गया।

उस पार का योगी

सामने सन्ध्या-धूसरित जल की एक चादर बिछी है। उसके बाद बालू की बेला है, उसमें अठखेलियाँ करके लहरों ने सीढ़ी बना दी है। कौतुक यह है कि उस पर भी हरी-हरी दूब जम गयी है। उस बालू की सीढ़ी की ऊपरी तह पर जाने कब से एक शिला पड़ी है। कई वर्षों ने उसे अपने पेट में पचाना चाहा, पर वह कठोर शिला गल न सकी, फिर भी निकल ही आती थी। नन्दलाल उसे अपने शैशव से ही देखता था। छोटी-सी नदी, जो उसके गाँव से सटकर बहती थी, उसी के किनारे वह अपनी सितारी लेकर पश्चिम की धूसर आभा में नित्य जाकर बैठ जाता। जिस रात को चाँदनी निकल आती, उसमें देर तक और अँधेरी रात के प्रदोष में जब तक अन्धकार नहीं हो जाता था, बैठकर सितारी बजाता अपनी टपरियों में चला जाता था।

नन्दलाल अँधेरे में डरता न था। किन्तु चन्द्रिका में देर तक किसी अस्पष्ट छाया को देख सकता था। इसलिए, आज भी उसी शिला पर वह मूर्ति बैठी है। गैरिक वसन की आभा सान्ध्य-सूर्य से रञ्जित नभ से होड़ कर रही है। दो-चार लटें इधर-उधर मांसल अंश पर वन के साथ खेल रही हैं। नदी के किनारे प्राय: पवन का बसेरा रहता है, इसी से यह सुविधा है। जब से शैशव-सहचरी नलिनी से नन्दलाल का वियोग हुआ है, वह अपनी सितारी से ही मन बहलाता है, सो भी एकान्त में; क्योंकि नलिनी से भी वह किसी के सामने मिलने पर सुख नहीं पाता था। किन्तु हाय रे सुख! उत्तेजनामय आनन्द को अनुभव करने के लिए एक साक्षी भी चाहिए। बिना किसी दूसरे को अपना सुख दिखाए हृदय भली-भाँति से गर्व का अनुभव नहीं कर पाता। चन्द्र-किरण, नदी-तरंग, मलय-हिल्लोल, कुसुम-सुरभि और रसाल-वृक्ष के साथ ही नन्दलाल को यह भी विश्वास था। कि उस पार का योगी भी कभी-कभी उस सितारी की मीड़ से मरोड़ खाता है। लटें उसके कपोल पर ताल देने लगती हैं।

चाँदनी निखरी थी। आज अपनी सितारी के साथ नन्दलाल भी गाने लगा था। वह प्रणय-संगीत था-भावुकता और काल्पनिक प्रेम का सम्भार बड़े वेग से उच्छ्वसित हुआ। अन्त:करण से दबी हुई तरलवृत्ति, जो विस्मृत स्वप्न के समान हलका प्रकाश देती थी, आज न जाने क्यों गैरिक निर्झर की तरह उबल पड़ी। जो वस्तु आज तक मैत्री का सुख-चिह्न थी-जो सरल हृदय का उपहार थी-जो उदारता की कृतज्ञता थी-उसने ज्वाला, लालसापूर्ण प्रेम का रूप धारण किया। संगीत चलने लगा।

"अरे कौन है.....मुझे बचाओ.....आह.....", पवन ने उपयुक्त दूत की तरह यह सन्देश नन्दलाल के कानों तक पहुँचाया। वह व्याकुल होकर सितारी छोड़ कर दौड़ा। नदी में फाँद पड़ा। उसके कानों में नलिनी का सा स्वर सुनाई पड़ा। नदी छोटी थी-खरस्रोता थी। नन्दलाल हाथ मारता हुआ लहरों को चीर रहा था। उसके बाहु-पाश में एक सुकुमार शरीर आ गया।

चन्द्रकिरणों और लहरियों को बातचीत करने का एक आधार मिला। लहरी कहने लगी-"अभागे! तू इस दुखिया नलिनी को बचाने क्यों आया, इसने तो आज अपने समस्त दु:खों का अन्त कर दिया था।"

किरण-"क्यों जी, तुम लोगों ने नन्दलाल को बहुत दिन तक बीच में बहा कर हल्ला-गुल्ला मचाकर, बचाया था।"

लहरी-"और तुम्हीं तो प्रकाश डालकर उसे सचेत कराती रही हो।"

किरण-"आज तक उस बेचारे को अँधेरे में रक्खा था। केवल आलोक की कल्पना करके वह अपने आलेख्य पट को उद्भासित कर लेता था। उस पार का योगी सुदूरवर्ती परदेशी की रम्य स्मृति को शान्त तपोवन का दृश्य था।"

लहरी-"पगली! सुख-स्वप्न के सदृश और आशा में आनन्द के समान मैं बीच में पड़ी-पड़ी उसके सरल नेह का बहुत दिनों तक सञ्चय करती रही-आन्तरिक आकर्षणपूर्ण सम्मिलन होने पर भी, वासना-रहित निष्काम सौन्दर्यमय व्यवधान बन कर मैं दोनों के बीच में बहती थी; किन्तु नन्दलाल इतने में सन्तुष्ट न हो सका। उछल-कूद कर हाथ चलाकर मुझे भी गँदला कर दिया। उसे बहने, डूबने और उतराने का आवेश बढ़ गया था।"

किरण-"हूँ, तब डूबें बहें।"

पवन चुपचाप इन बातों को सुन कर नदी के बहाव की ओर सर्राटा मार कर सन्देशा कहने को भगा। किन्तु वे दूर निकल गये थे। सितारी मूर्च्छना में पड़ी रही।

करुणा की विजय

१

सन्ध्या की दीनता गोधूली के साथ दरिद्र मोहन की रिक्त थाली में धूल भर रही है। नगरोपकण्ठ में एक कुएँ के समीप बैठा हुआ अपनी छोटी बहन को वह समझा रहा है। फटे हुए कुरते की कोर से उसके अश्रु पोंछने में वह सफल नहीं हो रहा था, क्योंकि कपड़े के सूत से अश्रु विशेष थे। थोड़ा-सा चना, जो उसके पात्र में बेचने का बचा था, उसी को रामकली माँगती थी। तीन वर्ष की रामकली को तेरह वर्ष का मोहन सँभालने में असमर्थ था।

ढाई पैसे का वह बेच चुका है। अभी दो-तीन पैसे का चना जो जल और मिर्चे में उबाला हुआ था, और बचा है। मोहन चाहता था कि चार पैसे उसके रोकड़ में और बचे रहें, डेढ़-दो पैसे का कुछ लेकर अपना और रामकली का पेट भर लेगा। चार पैसे से सबेरे चने उबाल कर फिर अपनी दूकान लगा लेगा। किन्तु विधाता को यह नहीं स्वीकार था। जब से उसके माता-पिता मरे, साल भर से वह इसी तरह अपना जीवन निर्वाह करता था। किसी सम्बन्धी या सज्जन की दृष्टि उसकी ओर न पड़ी। मोहन अभिमानी था। वह धुन का भी पक्का था। किन्तु आज वह विचलित हुआ। रामकली की कौन कहे, वह भी भूख की ज्वाला सहन न कर सका। अपने अदृष्ट के सामने हार मानकर रामकली को उसने खिलाया। बचा हुआ जो था, उसने मोहन के पेट की गरमी और बढ़ा दी। ढाई पैसे का और भी कुछ लाकर अपनी भूख मिटायी। दोनों कुएँ की जगत् पर सो गये।

२

दरिद्रता और करुणा से झगड़ा चल पड़ा। दरिद्रता बोली-"देखो जी, मेरा कैसा प्रभाव है।" करुणा ने कहा-"मेरा सर्वत्र राज्य है। तुम्हारा विद्रोह सफल न होगा।" दरिद्रता ने कहा-"गिरती हुई बालू की दीवार कहकर नहीं गिरती। तुम्हारा काल्पनिक क्षेत्र नीहार की वर्षा से कब तक सिञ्चा रहेगा?" अभिमान अभी तक चुप बैठा रहा, किन्तु उससे नहीं रहा गया। कहा-"मैं भी किसी दल में घुस कर देखूँगा कि कौन जीतता है।" दोनों ने पूछा कि तुम किसका साथ दोगे? अभिमान ने कहा-"जिधर की जीत देखूँगा।"

करुणा ने विश्रान्त बालकों को सुख देने का विचार किया। मलय हिल्लोल की थपकी देकर सुला देना चाहा। दरिद्रता ने दिन भर की जमी हुई गर्द कदम्ब के पत्तों पर से खिसका दी। बालकों के सरल मुख ने धूल पड़ने से कुछ विकृत रूप धारण किया। दरिद्रता ने स्वप्न में भयानक रूप धारण करके उन्हें दर्शन दिया। मोहन का शरीर काँपने लगा। दूर से देखती हुई करुणा भी कँप उठी। अकस्मात् मोहन उठा और झोंक से बोला-"भीख न माँगूँगा, मरूँगा।"

एक क्रन्दन और धमाका। रामकली को कुएँ ने अपनी शीतल गोद में ले लिया। डाल पर से दरिद्रता के अट्टहास की तरह उल्लू बोल उठा। उसी समय बँगले पर मेंहदी की टट्टी से घिरे हुए चबूतरे पर आसमानी पंखे के नीचे मसहरी में से नगर-पिता दण्डनायक चिल्ला उठे-"पंखा खींचो।"

-- --

प्रसन्न-वदन न्यायाधीश ने एक स्थिर दृष्टि से देखते हुए अपराधी मोहन से कहा-"बालक, तुमने अपराध स्वीकार करते हुए कि रामकली अपनी बहिन की हत्या तुम्हीं ने की है, मृत्युदण्ड चाहा है। किन्तु न्याय अपराध का कारण ढूँढ़ता है। सिर काटती है तलवार, किन्तु वही सिर काटने के अपराध में नहीं तोड़ी जाती है। निर्बोध बालक, तुम्हारा कुछ भी अभी कर्तृत्व नहीं है। तुमने यदि यह हत्या की भी हो, तो तुम केवल हत्यारी के अस्त्र थे। नगर के व्यवस्थापक पर इसका दायित्व है कि तीन वर्ष की रामकली तुम्हारे हाथ में क्यों दी गयी! यदि कोई उत्तराधिकारी-विहीन धनी मर जाता, तो व्यवस्थापक नगर-पिता उसके धन को अपने कोष में रखवा लेते। यदि निर्बोध उत्तराधिकारी रहता, तो उसकी सम्पत्ति सुरक्षित करने की वह व्यवस्था करते। किन्तु असहाय, निर्धन और अभिमानी तथा निर्बोध बालक के हाथ में शिशु का भार रख देना राष्ट्र के शुभ उद्देश्य की गुप्त रीति से और शिशु की प्रकट हत्या करना है। तुम इसके अपराधी नहीं हो। तुम मुक्त हो।"

करुणा रोते हुए हँस पड़ी। अपनी विजय की वर्षा मोहन के अभिमान के अश्रु बनकर रने लगी।

खंडहर की लिपि

जब बसन्त की पहली लहर अपना पीला रंग सीमा के खेतों पर चढ़ा लायी, काली कोयल ने उसे बरजना आरम्भ किया और भौंरे गुनगुना कर काना-फूँसी करने लगे, उसी समय एक समाधि के पास लगे हुए गुलाब ने मुँह खोलने का उपक्रम किया। किन्तु किसी युवक के चञ्चल हाथ ने उसका हौसला भी तोड़ दिया। दक्षिण पवन ने उससे कुछ झटक लेना चाहा, बिचारे की पंखुडिय़ाँ झड़ गयीं। युवक ने इधर-उधर देखा। एक उदासी और अभिलाषामयी शून्यता ने उसकी प्रत्याशी दृष्टि को कुछ उत्तर न दिया। बसन्त-पवन का एक भारी झोंका "हा-हा" करता उसकी हँसी उड़ाता चला गया।

सटी हुई टेकरी की टूटी-फूटी सीढ़ी पर युवक चढ़ने लगा। पचास सीढ़ियाँ चढ़ने के बाद वह बगल की बहुत पुरानी दालान में विश्राम लेने के लिए ठहर गया। ऊपर जो जीर्ण मन्दिर था, उसका ध्वंसावशेष देखने को वह बार-बार जाता था। उस भग्न स्तूप से युवक को आमन्त्रित करती हुई 'आओ आओ' की अपरिस्फुट पुकार बुलाया करती। जाने कब के अतीत ने उसे स्मरण कर रक्खा है। मण्डप के भग्न कोण में एक पत्थर के ऊपर न जाने कौन-सी लिपि थी, जो किसी कोरदार पत्थर में लिखी गयी थी। वह नागरी तो कदापि नहीं थी। युवक ने आज फिर उसी ओर देखते-देखते उसे पढऩा चाहा। बहुत देर तक घूमता-घूमता वह थक गया था, इससे उसे निद्रा आने लगी। वह स्वप्न देखने लगा।

कमलों का कमनीय विकास झील की शोभा को द्विगुणित कर रहा है। उसके आमोद के साथ वीणा की झनकार, झील के स्पर्श के शीतल और सुरभित पवन में भर रही थी। सुदूर प्रतीचि में एक सहस्रदल स्वर्ण-कमल अपनी शेष स्वर्ण-किरण की भी मृणाल पर व्योम-निधि में खिल रहा है। वह लज्जित होना चाहता है। वीणा के तारों पर उसकी अन्तिम आभा की चमक पड़ रही है। एक आनन्दपूर्ण विषाद से युवक अपनी चञ्चल अँगुलियों को नचा रहा है। एक दासी स्वर्णपात्र में केसर, अगुरु, चन्दन-मिश्रित अंगराग और नवमल्लिका की माला, कई ताम्बूल लिये हुए आयी, प्रणाम करके उसने कहा-"महाश्रेष्ठि धनमित्र की कन्या ने श्रीमान् के लिए उपहार भेजकर प्रार्थना की है कि आज के उद्यान गोष्ठ में आप अवश्य पधारने की कृपा करें। आनन्द विहार के समीप उपवन में आपकी प्रतीक्षा करती हुई कामिनी देवी बहुत देर तक रहेंगी।"

युवक ने विरक्त होकर कहा-"अभी कई दिन हुए हैं, मैं सिंहल से आ रहा हूँ, मेरा पोत समुद्र में डूब गया है। मैं ही किसी तरह बचा हूँ। अपनी स्वामिनी से कह देना कि मेरी अभी ऐसी अवस्था नहीं है कि मैं उपवन के आनन्द का उपभोग कर सकूँ।"

"तो प्रभु, क्या मैं यही उत्तर दे दूँ? "दासी ने कहा।

"हाँ, और यह भी कह देना कि-तुम सरीखी अविश्वासिनी स्त्रियों से मैं और भी दूर भागना चाहता हूँ, जो प्रलय के समुद्र की प्रचण्ड आँधी में एक जर्जर पोत से भी दुर्बल और उस डुबा देनेवाली लहर से भी भयानक है।" युवक ने अपनी वीणा सँवारते हुए कहा।

"वे उस उपवन में कभी की जा चुकी हैं, और हमसे यह भी कहा है कि यदि वे गोष्ठ में न आना चाहें, तो स्तूप की सीढ़ी के विश्राम-मण्डप में मुझसे एक बार अवश्य मिल लें, मैं निर्दोष हूँ।" दासी ने सविनय कहा।

युवा ने रोष-भरी दृष्टि से देखा। दासी प्रणाम करके चली गयी। सामने का एक कमल सन्ध्या के प्रभाव से कुम्हला रहा था। युवक को प्रतीत हुआ कि वह धनमित्र की कन्या का मुख है। उससे मकरन्द नहीं, अश्रु गिर रहे हैं। 'मैं निर्दोष हूँ', यही भौंरे भी गूँजकर कह रहे हैं।

युवक ने स्वप्न में चौंककर कहा-"मैं आऊँगा।" आँख न खोलने पर भी उसने उस जीर्ण दालान की लिपि पढ़ ली-"निष्ठर! अन्त को तुम नहीं आये।" युवक सचेत होकर उठने को था कि वह कई सौ बरस की पुरानी छत धम से गिरी।

वायुमण्डल में-"आओ-आओ" का शब्द गूँजने लगा।

कलावती की शिक्षा

श्यामसुन्दर ने विरक्त होकर कहा-""कला! यह मुझे नहीं अच्छा लगता।"" कलावती ने लैम्प की बत्ती कम करते हुए सिर झुकाकर तिरछी चितवन से देखते हुए कहा-""फिर मुझे भी सोने के समय यह रोशनी अच्छी नहीं लगती।""

श्यामसुन्दर ने कहा-"तुम्हारा पलँग तो इस रोशनी से बचा है। तुम जाकर सो रहो।" और तुम रात भर यों ही जागते रहोगे।" अब की धीरे से कलावती ने हाथ से पुस्तक भी खींच ली। श्यामसुन्दर को इस स्नेह में भी क्रोध आ गया। तिनक गये-"तुम पढ़ने का सुख नहीं जानती, इसलिए तुमको समझाना ही मूर्खता है।" कलावती ने प्रगल्भ होकर कहा-"मूर्ख बनकर थोड़ा समझा दो।"

श्यामसुन्दर भड़क उठे, उनकी शिक्षिता उपन्यास की नायिका उसी अध्याय में अपने प्रणयी के सामने आयी थी- वह आगे बातचीत करती; उसी समय ऐसा व्याघात। 'स्त्रीणामाद्य प्रणय-वचनं' कालिदास ने भी इसे नहीं छोड़ा था। कैसा अमूल्य पदार्थ! अशिक्षिता कलावती ने वहीं रस भंग किया। बिगड़कर बोले-"वह तुम इस जन्म में नहीं समझोगी।"

कलावती ने और भी हँसकर कहा-"देखो, उस जन्म में भी ऐसा बहाना न करना।"

पुष्पाधार में धरे हुए नरगिस के गुच्छे ने अपनी एकटक देखती हुई आँखों से चुपचाप यह दृश्य देखा और वह कालिदास के तात्पर्य को बिगाड़ते हुए श्यामसुन्दर की धृष्टता न सहन कर सका, और शेष 'विभ्रमोहि प्रियेषु' का पाठ हिलकर करने लगा।

-- --

श्यामसुन्दर ने लैम्प की बत्ती चढ़ायी, फिर अध्ययन आरम्भ हुआ। कलावती अब की अपने पलँग पर जा बैठी। डब्बा खोलकर पान लगाया, दो खीली लेकर फिर श्यामसुन्दर के पास आयी। श्याम ने कहा-"रख दो।" खीलीवाला हाथ मुँह की ओर बढ़ा, कुछ मुख भी बढ़ा, पान उसमें चला गया। कलावती फिर लौटी ओर एक चीनी की पुतली लेकर उसे पढ़ाने बैठी-"देखो, मैं तुम्हें दो-चार बातें सिखाती हूँ, उन्हें अच्छी तरह रट लेना। लज्जा कभी न करना, यह पुरुषों की चालाकी है, जो उन्होंने इसे स्त्रियों के हिस्से कर दिया है। यह दूसरे शब्दों में एक प्रकार का भ्रम है, इसलिए तुम भी ऐसा रूप धारण करना कि पुरुष, जो बाहर से अनुकम्पा करते हुए तुमसे भीतर-भीतर घृणा करते हैं, वह भी तुमसे भयभीत रहें, तुम्हारे पास आने का साहस न करें। और कृतज्ञ होना दासत्व है। चतुरों ने अपना कार्य-साधन करने का अस्त्र इसे बनाया है। इसीलिए इसकी ऐसी प्रशंसा की है कि लोग इसकी ओर आकर्षित हो जाते हैं। किन्तु है यह दासत्व। यह शरीर का नहीं, किन्तु अन्तरात्मा का दासत्व है। इस कारण कभी-कभी लोग बुरी बातों का भी समर्थन करते हैं। प्रगल्भता, जो आजकल बड़ी बाढ़ पर है, बड़ी अच्छी वस्तु है। उसके बल से मूर्ख भी पण्डित समझे जाते हैं। उसका अच्छा अभ्यास करना, जिसमें तुमको कोई मूर्ख न कह सके, कहने का साहस ही न हो। पुतली! तुमने रूप का परिवर्तन भी छोड़ दिया है, यह और भी बुरा है। सोने के कोर की साड़ी तुम्हारे मस्तक को अभी भी ढँके हैं, तनिक इसे खिसका दो। बालों को लहरा दो। लोग लगें पैर चूमने, प्यारी पुतली! समझी न?"

श्यामसुन्दर के उपन्यास की नायिका भी अपने नायक के गले लग गयी थी, प्रसन्नता से उसका

मुख-मण्डल चमकने लगा। वह अपना आनन्द छिपा नहीं सकता था। पुतली की शिक्षा उसने सुनी कि नहीं, हम नहीं कह सकते, किन्तु वह हँसने लगा। कलावती को क्या सूझा, लो वह तो सचमुच उसके गले लगी हुई थी। अध्याय समाप्त हुआ। पुतली को अपना पाठ याद रहा कि नहीं, लैम्प के धीमे प्रकाश में कुछ समझ न पड़ा।

चक्रवर्ती का स्तम्भ

"बाबा यह कैसे बना? इसको किसने बनाया? इस पर क्या लिखा है?" सरला ने कई सवाल किये। बूढ़ा धर्मरक्षित, भेड़ों के झुण्ड को चरते हुए देख रहा था। हरी टेकरी झारल के किनारे सन्ध्या के आपत की चादर ओढ़ कर नया रंग बदल रही थी। भेड़ों की मण्डली उस पर धीरे-धीरे चरती हुई उतरने-चढ़ने में कई रेखा बना रही थी।

अब की ध्यान आकर्षित करने के लिए सरला ने धर्मरक्षित का हाथ खींचकर उस स्तम्भ को दिखलाया। धर्मरक्षित ने निश्वास लेकर कहा-"बेटी, महाराज चक्रवर्ती अशोक ने इसे कब बनाया था। इस पर शील और धर्म की आज्ञा खुदी है। चक्रवर्ती देवप्रिय ने यह नहीं विचार किया कि ये आज्ञाएँ बक-बक मानी जायँगी। धर्मोन्मत्त लोगों ने इस स्थान को ध्वस्त कर डाला। अब विहार में डर से कोई-कोई भिक्षुक भी कभी दिखाई पड़ता है।"

वृद्ध यह कहकर उद्विग्न होकर कृष्ण सन्ध्या का आगमन देखने लगा। सरला उसी के बगल में बैठ गयी। स्तम्भ के ऊपर बैठा हुआ आज्ञा का रक्षक सिंह धीरे-धीरे अन्धकार में विलीन हो गया।

थोड़ी देर में एक धर्मशील कुटुम्ब उसी स्थान पर आया। जीर्ण स्तूप पर देखते-देखते दीपावली हो गयी। गन्ध-कुसुम से वह स्तूप अर्चित हुआ। अगुरु की गन्ध, कुसुम-सौरभ तथा दीपमाला से वह जीर्ण स्थान एक बार आलोकपूर्ण हो गया। सरला का मन उस दृश्य से पुलकित हो उठा। वह बार-बार वृद्ध को दिखाने लगी, धार्मिक वृद्ध की आँखों में उस भक्तिमयी अर्चना से जल-बिन्द दिखाई देने लगे। उपासकों में मिलकर धर्मरक्षित और सरला ने भी भरे हुए हृदय से उस स्तूप को भगवान् के उद्देश्य से नमस्कार किया।

-- --

टापों के शब्द वहाँ से सुनाई पड़ रहे हैं। समस्त भक्ति के स्थान पर भय ने अधिकार कर लिया। सब चकित होकर देखने लगे। उल्काधारी अश्वारोही और हाथों में नंगी तलवार! आकाश के तारों ने भी भय से मुँह छिपा लिया। मेघ-मण्डली रो-रो कर मना करने लगी, किन्तु निष्ठुर सैनिकों ने कुछ न सुना। तोड़-ताड़, लूट-पाट करके सब पुजारियों को, 'बुतपरस्तों' को बाँध कर उनके धर्म-विरोध का दण्ड देने के लिए ले चले। सरला भी उन्हीं में थी।

धर्मरक्षित ने कहा-"सैनिकों, तुम्हारा भी कोई धर्म है?"

एक ने कहा-"सर्वोत्तम इस्लाम धर्म।"

धर्मरक्षित-"क्या उसमें दया की आज्ञा नहीं है?" उत्तर न मिला।

धर्मरक्षित-"क्या जिस धर्म में दया नहीं है, उसे भी तुम धर्म कहोगे?"

एक दूसरा-"है क्यों नहीं? दया करना हमारे धर्म में भी है। पैगम्बर का हुक्म है, तुम बूढ़े हो, तुम पर दया की जा सकती है। छोड़ दो जी, उसको।" बूढ़ा छोड़ दिया गया।

धर्मरक्षित-"मुझे चाहे बाँध लो, किन्तु इन सबों को छोड़ दो। वह भी सम्राट् था, जिसने इस स्तम्भ पर समस्त जीवों के प्रति दया करने की आज्ञा खुदवा दी है। क्या तुम भी देश विजय करके सम्राट्

हुआ चाहते हो? तब दया क्यों नहीं करते?"

एक बोल उठा-"क्या पागल बूढ़े से बक-बक कर रहे हो? कोई ऐसी फिक्र करो कि यह किसी बुत की परस्तिश का ऊँचा मीनार तोड़ा जाय।"

सरला ने कहा-"बाबा, हमको यह सब लिये जा रहे हैं।"

धर्मरक्षित-"बेटी, असहाय हूँ, वृद्ध बाँहों में बल भी नहीं है, भगवान् की करुणा का स्मरण कर। उन्होंने स्वयं कहा है कि-"संयोग: विप्रयोगन्ता:।"

निष्ठुर लोग हिंसा के लिए परिक्रमण करने लगे। किन्तु पत्थरों में चिल्लाने की शक्ति नहीं है कि उसे सुनकर वे क्रूर आत्माएँ तुष्ट हों। उन्हें नीरव रोने में भी असमर्थ देखकर मेघ बरसने लगे। चपला चमकने लगी। भीषण गर्जन होने लगा। छिपने के लिए वे निष्ठुर भी स्थान खोजने लगे। अकस्मात् एक भीषण गर्जन और तीव्र आलोक, साथ ही धमाका हुआ।

चक्रवर्ती का स्तम्भ अपने सामने यह दृश्य न देख सका। अशनिपात से खण्ड-खण्ड होकर गिर पड़ा। कोई किसी का बन्दी न रहा।

दुखिया

१

पहाड़ी देहात, जंगल के किनारे के गाँव और बरसात का समय! वह भी ऊषाकाल! बड़ा ही मनोरम दृश्य था। रात की वर्षा से आम के वृक्ष तराबोर थे। अभी पत्तों से पानी ढुलक रहा था। प्रभात के स्पष्ट होने पर भी धुँधले प्रकाश में सड़क के किनारे आम्रवृक्ष के नीचे बालिका कुछ देख रही थी। 'टप' से शब्द हुआ, बालिका उछल पड़ी, गिरा हुआ आम उठाकर अञ्चल में रख लिया। (जो पाकेट की तरह खोंस कर बना हुआ था।)

दक्षिण पवन ने अनजान में फल से लदी हुई डालियों से अठखेलियाँ कीं। उसका सञ्चित धन अस्त-व्यस्त हो गया। दो-चार गिर पड़े। बालिका ऊषा की किरणों के समान ही खिल पड़ी। उसका अञ्चल भर उठा। फिर भी आशा में खड़ी रही। व्यर्थ प्रयास जान कर लौटी, और अपनी झोंपड़ी की ओर चल पड़ी। फूस की झोंपड़ी में बैठा हुआ उसका अन्धा बूढ़ा बाप अपनी फूटी हुई चिलम सुलगा रहा था। दुखिया ने आते ही आँचल से सात आमों में से पाँच निकाल कर बाप के हाथ में रख दिये। और स्वयं बरतन माँजने के लिए 'डबरे' की ओर चल पड़ी।

बरतनों का विवरण सुनिए, एक फूटी बटुली, एक लोंहदी और लोटा, यही उस दीन परिवार का उपकरण था। डबरे के किनारे छोटी-सी शिला पर अपने फटे हुए वस्त्र सँभाले हुए बैठकर दुखिया ने बरतन मलना आरम्भ किया।

२

अपने पीसे हुए बाजरे के आटे की रोटी पकाकर दुखिया ने बूढ़े बाप को खिलाया और स्वयं बचा हुआ खा-पीकर पास ही के महुए के वृक्ष की फैली जड़ों पर सिर रख कर लेट रही। कुछ गुनगुनाने लगी। दुपहरी ढल गयी। अब दुखिया उठी और खुरपी-जाला लेकर घास छीलने चली। जमींदार के घोड़े के लिए घास वह रोज दे आती थी, कठिन परिश्रम से उसने अपने काम भर घास कर लिया, फिर उसे डबरे में रख कर धोने लगी।

सूर्य की सुनहली किरणें बरसाती आकाश पर नवीन चित्रकार की तरह कई प्रकार के रंग लगाना सीखने लगीं। अमराई और ताड़-वृक्षों की छाया उस शाद्वल जल में पड़कर प्राकृतिक चित्र का सृजन करने लगी। दुखिया को विलम्ब हुआ, किन्तु अभी उसकी घास धो नहीं गयी, उसे जैसे इसकी कुछ परवाह न थी। इसी समय घोड़े की टापों के शब्द ने उसकी एकाग्रता को भंग किया।

जमींदार कुमार सन्ध्या को हवा खाने के लिए निकले थे। वेगवान 'बालोतरा' जाति का कुम्मेद पचकल्यान आज गरम हो गया था। मोहनसिंह से बेकाबू होकर वह बगटूट भाग रहा था। संयोग! जहाँ पर दुखिया बैठी थी, उसी के समीप ठोकर लेकर घोड़ा गिरा। मोहनसिंह भी बुरी तरह घायल होकर गिरे। दुखिया ने मोहनसिंह की सहायता की। डबरे से जल लाकर घावों को धोने लगी। मोहन ने पट्टी बाँधी, घोड़ा भी उठकर शान्त खड़ा हुआ। दुखिया जो उसे टहलाने लगी थी। मोहन ने कृतज्ञता की दृष्टि से दुखिया को देखा, वह एक सुशिक्षित युवक था। उसने दरिद्र दुखिया को उसकी सहायता के

बदले ही रुपया देना चाहा। दुखिया ने हाथ जोड़कर कहा-"बाबू जी , हम तो आप ही के गुलाम हैं। इसी घोड़े को घास देने से हमारी रोटी चलती है।"

अब मोहन ने दुखिया को पहिचाना। उसने पूछा- "क्या तुम रामगुलाम की लडक़ी हो?"

"हाँ, बाबूजी।"

"वह बहुत दिनों से दिखता नहीं!"

"बाबू जी, उनकी आँखों से दिखाई नहीं पड़ता।"

"अहा, हमारे लड़कपन में वह हमारे घोड़े को, जब हम उस पर बैठते थे, पकड़कर टहलाता था। वह कहाँ है?"

"अपनी मड़ई में।"

"चलो, हम वहाँ तक चलेंगे।"

किशोरी दुखिया को कौन जाने क्यों संकोच हुआ, उसने कहा- "बाबूजी, घास पहुँचाने में देर हुई है। सरकार बिगड़ेंगे।"

"कुछ चिन्ता नहीं; तुम चलो।"

लाचार होकर दुखिया घास का बोझा सिर पर रखे हुए झोंपड़ी की ओर चल पड़ी। घोड़े पर मोहन पीछे-पीछे था।

३

"रामगुलाम, तुम अच्छे तो हो?"

"राज! सरकार! जुग-जुग जीओ बाबू!" बूढ़े ने बिना देखे अपनी टूटी चारपाई से उठते हुए दोनों हाथ अपने सिर तक ले जाकर कहा।

"रामगुलाम, तुमने पहचान लिया?"

"न कैसे पहचानें, सरकार! यह देह पली है।" उसने कहा।

"तुमको कुछ पेन्शन मिलती है कि नहीं?"

"आप ही का दिया खाते हैं, बाबूजी। अभी लडक़ी हमारी जगह पर घास देती है।"

भावुक नवयुवक ने फिर प्रश्न किया, "क्यों रामगुलाम, जब इसका विवाह हो जायेगा, तब कौन घास देगा?"

रामगुलाम के आनन्दाश्रु दु:ख की नदी होकर बहने लगे। बड़े कष्ट से उसने कहा-"क्या हम सदा जीते रहेंगे?"

अब मोहन से नहीं रहा गया, वहीं दो रुपये उस बुड्ढे को देकर चलते बने। जाते-जाते कहा-"फिर कभी।"

दुखिया को भी घास लेकर वहीं जाना था। वह पीछे चली।

जमींदार की पशुशाला थी। हाथी, ऊँट, घोड़ा, बुलबुल, भैंसा, गाय, बकरे, बैल, लाल, किसी की कमी नहीं थी। एक दुष्ट नजीब खाँ इन सबों का निरीक्षक था। दुखिया को देर से आते देखकर उसे अवसर मिला। बड़ी नीचता से उसने कहा-"मारे जवानी के तेरा मिजाज ही नहीं मिलता! कल से तेरी नौकरी बन्द कर दी जायगी। इतनी देर?"

दुखिया कुछ नहीं बोलती, किन्तु उसको अपने बूढ़े बाप की याद आ गयी। उसने सोचा, किसी तरह नौकरी बचानी चाहिए, तुरन्त कह बैठी- "छोटे सरकार घोड़े पर से गिर पड़े रहे। उन्हें मड़ई तक पहुँचाने में देर .....।"

"चुप हरामजादी! तभी तो तेरा मिजाज और बिगड़ा है। अभी बड़े सरकार के पास चलते हैं।"

वह उठा और चला। दुखिया ने घास का बोझा पटका और रोती हुई झोंपड़ी की ओर चलती हुई। राह चलते-चलते उसे डबरे का सायंकालीन दृश्य स्मरण होने लगा। वह उसी में भूल कर अपने घर पहुँच गई।

प्रतिमा

१

जब अनेक प्रार्थना करने पर यहाँ तक कि अपनी समस्त उपासना और भक्ति का प्रतिदान माँगने पर भी 'कुञ्जबिहारी' की प्रतिमा न पिघली, कोमल प्राणों पर दया न आयी, आँसुओं के अघ्र्य देने पर भी न पसीजी, और कुञ्जनाथ किसी प्रकार देवता को प्रसन्न न कर सके, भयानक शिकारी ने सरला के प्राण ले ही लिये, किन्तु पाषाणी प्रतिमा अचल रही, तब भी उसका राग-भोग उसी प्रकार चलता रहा; शंख, घण्टा और दीपमाला का आयोजन यथा-नियम होता रहा। केवल कुञ्जनाथ तब से मन्दिर की फुलवारी में पत्थर पर बैठकर हाथ जोड़कर चला आता। "कुञ्जबिहारी" के समक्ष जाने का साहस नहीं होता। न जाने मूर्ति में उसे विश्वास ही कम हो गया था कि अपनी श्रद्धा की, विश्वास की दुर्बलता उसे संकुचित कर देती।

आज चाँदनी निखर रही थी। चन्द्र के मनोहर मुख पर रीझकर सुर-बालाएँ तारक-कुसुम की वर्षा कर रही थीं। स्निग्ध मलयानिल प्रत्येक कुसुम-स्तवक को चूमकर मन्दिर की अनेक मालाओं को हिला देता था। कुञ्ज पत्थर पर बैठा हुआ सब देख रहा था। मनोहर मदनमोहन मूर्ति की सेवा करने को चित्त उत्तेजित हो उठा। कुञ्जनाथ ने सेवा, पुजारी के हाथ से ले ली। बड़ी श्रद्धा से पूजा करने लगा। चाँदी की आरती लेकर जब देव-विग्रह के सामने युवक कुञ्जनाथ खड़ा हुआ, अकस्मात् मानसिक वृत्ति पलटी और सरला का मुख स्मरण हो आया। कुञ्जबिहारी जी की प्रतिमा के मुख-मण्डल पर उसने अपनी दृष्टि जमायी।

"मैं अनन्त काल तक तरंगों का आघात, वर्षा, पवन, धूप, धूल से तथा मनुष्यों के अपमान श्लाघा से बचने के लिए गिरि-गर्भ में छिपा पड़ा रहा, मूर्ति मेरी थी या मैं स्वयं मूर्ति था, यह सम्बन्ध व्यक्त नहीं था। निष्ठर लौह-अस्त्र से जब काटकर मैं अलग किया गया, तब किसी प्राणी ने अपनी समस्त सहृदयता मुझे अर्पण की, उसकी चेतावनी मेरे पाषाण में मिली, आत्मानुभव की तीव्र वेदना यह सब मुझे मिलते रहे, मुझमें विभ्रम था, विलास था, शक्ति थी। अब तो पुजारी भी वेतन पाता है और मैं भी उसी के अवशिष्ट से अपना निर्वाह......"

और भी क्या मूर्ति कह रही थी, किन्तु शंख और घण्टा भयानक स्वर से बज उठे। स्वामी को देख कर पुजारी लोगों ने धातु-पात्रों को और भी वेग से बजाना आरम्भ कर दिया। कुञ्जनाथ ने आरती रख दी। दूर से कोई गाता हुआ जा रहा था:

> "सच कह दूँ ऐ बिरहमन गर तू बुरा न माने।
> तेरे सनमकदे के बुत हो गये पुराने।"

कुञ्जनाथ ने स्थिर दृष्टि से देखा, मूर्ति में वह सौन्दर्य नहीं, वह भक्ति स्फुरित करनेवाली कान्ति नहीं। वह ललित भाव-लहरी का आविर्भाव-तिरोभाव मुख-मण्डल से जाने कहाँ चला गया है। धैर्य छोड़कर कुञ्जनाथ चला आया। प्रणाम भी नहीं कर सका।

२

"कहाँ जाती है?"

"माँ आज शिवजी की पूजा नहीं की।"

"बेटी, तुझे कल रात से ज्वर था, फिर इस समय जाकर क्या नदी में स्नान करेगी?"

"हाँ, मैं बिना पूजा किये जल न पियूँगी।"

"रजनी, तू बड़ी हठीली होती जा रही है। धर्म की ऐसी कड़ी आज्ञा नहीं है कि वह स्वास्थ्य को नष्ट करके पालन की जाय।"

"माँ, मेरे गले से जल न उतरेगा। एक बार वहाँ तक जाऊँगी।"

"तू क्यों इतनी तपस्या कर रही है?"

"तू क्यों पड़ी-पड़ी रोया करती है?"

"तेरे लिए।"

"और मैं भी पूजा करती हूँ तेरे लिए कि तेरा रोना छूट जाय"- इतना कहकर कलसी लेकर रजनी चल पड़ी।"

-- --

वट-वृक्ष के नीचे उसी की जड़ में पत्थर का छोटा-सा जीर्ण मन्दिर है। उसी में शिवमूर्ति है, वट की जटा से लटकता हुआ मिट्टी का बर्तन अपने छिद्र से जल-बिन्द गिराकर जाह्नवी और जटा की कल्पना को सार्थक कर रहा है। बैशाख के कोमल विल्वदल उस श्यामल मूर्ति पर लिपटे हैं। गोधूली का समय, शीतलवाहिनी सरिता में स्नान करके रजनी ने दीपक जलाकर आँचल की ओट में छिपाकर उसी मूर्ति के सामने लाकर धर दिया। भक्तिभाव से हाथ जोड़कर बैठ गयी और करुणा, प्रेम तथा भक्ति से भगवान् को प्रसन्न करने लगी। सन्ध्या की मलिनता दीपक के प्रकाश में सचमुच वह पत्थर की मूर्ति मांसल हो गयी। प्रतिमा में सजीवता आ गयी। दीपक की लौ जब पवन से हिलती थी, तब विदित होता था कि प्रतिमा प्रसन्न होकर झूमने लगी है। एकान्त में भक्त भगवान् को प्रसन्न करने लगा। अन्तरात्मा के मिलन से उस जड़ प्रतिमा को आर्द्र बना डाला। रजनी ने विधवा माता की विकलता की पुष्पाञ्जलि बनाकर देवता के चरणों में डाल दी। बेले का फूल और विल्वदल सान्ध्य-पवन से हिल कर प्रतिमा से खिसककर गिर पड़ा। रजनी ने कामना पूर्ण होने का संकेत पाया। प्रणाम करके कलसी उठाकर गाँव की झोपड़ी की ओर अग्रसर हुई।

३

"मनुष्य इतना पतित कभी न होता, यदि समाज उसे न बना देता। मैं अब इस कंकाल समाज से कोई सम्बन्ध न रक्खूँगा। जिसके साथ स्नेह करो, वही कपट रखता है। जिसे अपना समझो, वही कतरनी लिये रहता है। ओह, हम विद्वेष करके इतने क्रूर बना दिये गये हैं, हमें लोगों ने बुरा बना दिया है। अपने स्वार्थ के लिए, हम कदापि इतने दुष्ट नहीं हो सकते थे। हमारी शुद्ध आत्मा में किसने विष मिला दिया है, कलुषित कर दिया है, किसने कपट, चातुरी, प्रवञ्चना सिखायी है? इसी पैशाचिक समाज ने, इसे छोड़ना होगा। किसी से सम्बन्ध ही न रहेगा, तो फिर विद्वेष का मूल ही न रह जायगा। चलो, आज से इसे तिलाञ्जलि दे दो। बस ...." युवक कुञ्जनाथ आम्र-कानन के कोने पर से सन्ध्या के आकाश को देखते हुए कह रहा था। लता की आड़ से निकलती हुई रजनी ने कहा-"हैं! हैं! किसे छोड़ते हो?"

कुञ्जनाथ ने घूमकर देखा कि उनकी स्वर्गीय स्त्री की भगिनी रजनी कलसी लिये आ रही है। कुञ्जनाथ की भावना प्रबल हो उठी। आज बहुत दिनों पर रजनी दिखाई पड़ी है। दरिद्रा सास को

कुञ्जनाथ बड़ी अनादर की दृष्टि से देखते थे। उससे कभी मिलना भी अपनी प्रतिष्ठा के विरुद्ध समझते थे। जब से सरला का देहान्त हुआ, तब से और भी। दरिद्र-कन्या से ब्याह करके उन्हें समाज में सिर नीचा करना पड़ा था। इस पाप का फल रजनी की माँ को बिना दिये, बिना प्रतिशोध लिये कुञ्जनाथ को चैन नहीं। रजनी जब बालिका थी, कई बार बहन के पास बैठ कर कुञ्जनाथ से सरल विनोद कर चुकी थी। आज उसके मन में उस बालिका-सुलभ चाञ्चल्य का उदय हो गया। वह बोल उठी-"कुञ्ज बाबू! किसे छोड़ना चाहते हो?"

कुञ्ज, धनी जमींदार-सन्तान था। उससे प्रगल्भ व्यवहार करना साधारण काम नहीं था। कोई दूसरा समय होता, तो कुञ्जनाथ बिगड़ उठता, पर दो दिन से उसके हृदय में बड़ी करुणा है, अत: क्रोध को अवकाश नहीं। हँस कर पूछा-"कहाँ से आती हो, रजनी?"

रजनी ने कहा-"शिव-पूजन करके आ रही हूँ।"

कुञ्ज ने पूछा-"तुम्हारे शिवजी कहाँ हैं?"

रजनी-"यहीं नदी के किनारे।"

कुञ्ज-"मैं भी देखूँगा।"

रजनी-"चलिए।"

दोनों नदी की ओर चले। युवक ने देखा भग्न-मन्दिर का नग्न देवता-न तो वस्त्र हैं, न अलंकार, न चाँदी के पात्र हैं, न जवाहरात की चमक। केवल श्यामल मूर्ति पर हरे-हरे विल्वदल और छोटा-सा दीपक का प्रकाश। कुञ्जनाथ को भक्ति का उद्रेक हुआ। देवमूर्ति के सामने उसने झुककर प्रणाम किया।

क्षण भर में आश्चर्य से कुञ्ज ने देखा कि स्वर्गीय सरला की प्रतिमा रजनी, हाथ जोड़े है, और वह शिव-प्रतिमा कुञ्जबिहारी हो गयी है।

प्रलय

हिमावृत चोटियों की श्रेणी, अनन्त आकाश के नीचे क्षुब्ध समुद्र! उपत्यका की कन्दरा में, प्राकृतिक उद्यान में खड़े हुए युवक ने युवती से कहा-"प्रिये!"

"प्रियतम! क्या होने वाला है?"

"देखो क्या होता है, कुछ चिन्ता नहीं-आसव तो है न?"

"क्यों प्रिय! इतना बड़ा खेल क्या यों ही नष्ट हो जायेगा?"

"यदि नष्ट न हो, खेल ज्यों-का-त्यों बना रहे तब तो वह बेकार हो जायेगा।"

"तब हृदय में अमर होने की कल्पना क्यों थी?"

"सुख-भोग-प्रलोभन के कारण।"

"क्या सृष्टि की चेष्टा मिथ्या थी?"

"मिथ्या थी या सत्य, नहीं कहा जा सकता- पर सर्ग प्रलय के लिए होता है, यह निस्सन्देह कहा जायगा, क्योंकि प्रलय भी एक सृष्टि है।"

"अपना अस्तित्व बनाए रखने के लिए बड़ा उद्योग था"-युवती ने निश्वास लेकर कहा।

"यह तो मैं भी मानूँगा कि अपने अस्तित्व के लिए स्वयं आपको व्यय कर दिया।"-युवक ने व्यंग्य से कहा।

युवती करुणाद्र हो गयी। युवक ने मन बदलने के लिए कहा-"प्रिये! आसव ले आओ।"

युवती स्फटिक-पात्र में आसव ले आयी। युवक पीने लगा।

"सदा रक्षा करने पर भी यह उत्पात?" युवती ने दीन होकर जिज्ञासा की।

"तुम्हारे उपासकों ने भी कम अपव्यय नहीं किया।" युवक ने सस्मित कहा।

"ओह, प्रियतम! अब कहाँ चलें?" युवती ने मान करके कहा।

कठोर होकर युवक ने कहा-"अब कहाँ, यहीं से यह लीला देखेंगे।"

सूर्य का अलात-चक्र के समान शून्य में भ्रमण, और उसके विस्तार का अग्नि-स्फुलिंग-वर्षा करते हुए आश्चर्य-संकोच! हिम-टीलों का नवीन महानदों के रूप में पलटना, भयानक ताप से शेष प्राणियों का पलटना! महाकापालिक के चिताग्नि-साधन का वीभत्स दृश्य! प्रचण्ड आलोक का अन्धकार!!!

युवक मणि-पीठ पर सुखासीन होकर आसव पान कर रहा है। युवती त्रस्त नेत्रों से इस भीषण व्यापार को देखते हुए भी नहीं देख रही है। जवाकुसुम सदृश और जगत् का तत्काल तरल पारद-समान रंग बदलना, भयानक होने पर भी युवक को स्पृहणीय था। वह सस्मित बोला-"प्रिये! कैसा दृश्य है।"

"इसी का ध्यान करके कुछ लोगों ने आध्यात्मिकता का प्रचार किया था।" युवती ने कहा।

"बड़ी बुद्धिमत्ता थी!" हँस कर युवक ने कहा। वह हँसी ग्रहगण की टक्कर के शब्द से भी कुछ ऊँची थी।

"क्यों?"

"मरण के कठोर सत्य से बचने का बहाना या आड़।"

"प्रिय! ऐसा न कहो।"

"मोह के आकस्मिक अवलम्ब ऐसे ही होते हैं।" युवक ने पात्र भरते हुए कहा।

"इसे मैं नहीं मानूँगी।" दृढ़ होकर युवती बोली।

सामने की जल-राशि आलोड़ित होने लगी। असंख्य जलस्तम्भ शून्य नापने को ऊँचे चढ़ने लगे। कण-जाल से कुहासा फैला। भयानक ताप पर शीतलता हाथ फेरने लगी। युवती ने और भी साहस से कहा-"क्या आध्यात्मिकता मोह है?"

"चैतनिक पदार्थों का ज्वार-भाटा है। परमाणुओं से ग्रथित प्राकृत नियन्त्रण-शैली का एक बिन्द! अपना अस्तित्व बचाये रखने की आशा में मनोहर कल्पना कर लेता है। विदेह होकर विश्वात्मभाव की प्रत्याशा, इसी क्षुद्र अवयव में अन्तर्निहित अन्तःकरण यन्त्र का चमत्कार साहस है, जो स्वयं नश्वर उपादनों को साधन बनाकर अविनाशी होने का स्वप्न देखता है। देखो, इसी सारे जगत् के लय की लीला में तुम्हें इतना मोह हो गया?"

प्रभञ्जन का प्रबल आक्रमण आरम्भ हुआ। महार्णव की आकाशमापक स्तम्भ लहरियाँ भग्न होकर भीषण गर्जन करने लगीं। कन्दरा के उद्यान का अक्षयवट लहरा उठा। प्रकाण्ड शाल-वृक्ष तृण की तरह उस भयंकर फूत्कार से शून्य में उड़ने लगे। दौड़ते हुए वारिद-वृन्द के समान विशाल शैल-शृंग आवर्त में पड़कर चक्र-भ्रमण करने लगे। उद्द्रीर्ण ज्वालामुखियों के लावे जल-राशि को जलाने लगे। मेघाच्छादित, निस्तेज, स्पृश्य, चन्द्रबिम्ब के समान सूर्यमण्डल महाकापालिक के पिये हुए पान-पात्र की तरह लुढ़कने लगा। भयंकर कम्प और घोर वृष्टि में ज्वालामुखी बिजली के समान विलीन होने लगे।

युवक ने अट्टहास करते हुए कहा-"ऐसी बरसात काहे को मिलेगी! एक पात्र और।"

युवती सहमकर पात्र भरती हुई बोली-"मुझे अपने गले से लगा लो, बड़ा भय लगता है।"

युवक ने कहा-"तुम्हारा त्रस्त करुण अर्ध कटाक्ष विश्व-भर की मनोहर छोटी-सी आख्यायिका का सुख दे रहा है। हाँ एक ....."

"जाओ, तुम बड़े कठोर हो .....।"

"हमारी प्राचीनता और विश्व की रमणीयता ने तुम्हें सर्ग और प्रलय की अनादि लीला देखने के लिए उत्साहित किया था। अब उसका ताण्डव नृत्य देखो। तुम्हें भी अपनी कोमल कठोरता का बड़ा अभिमान था .....।"

"अभिमान ही होता, तो प्रयास करके तुमसे क्यों मिलती? जाने दो, तुम मेरे सर्वस्व हो। तुमसे अब यह माँगती हूँ कि अब कुछ न माँगूँ चाहे इसके बदले मेरी समस्त कामना ले लो।" युवती ने गले में हाथ डालकर कहा।

-- --

भयानक शीत, दूसरे क्षण असह्य ताप, वायु के प्रचण्ड झोंकों में एक के बाद दूसरे की अद्भुत परम्परा, घोर गर्जन, ऊपर कुहासा और वृष्टि, नीचे महार्णव के रूप में अनन्त द्रवराशि, पवन उन्चासों गतियों से समग्र पञ्चमहाभूतों को आलोड़ित कर उन्हें तरल परमाणुओं के रूप में परिवर्तित करने के

लिए तुला हुआ है। अनन्त परमाणुमय शून्य में एक वट-वृक्ष केवल एक नुकीले शृंग के सहारे स्थित है। प्रभञ्जन के प्रचण्ड आघातों से सब अदृश्य है। एक डाल पर वही युवक और युवती! युवक के मुख-मण्डल के प्रकाश से ही आलोक है। युवती मूर्च्छितप्राय है। वदन-मण्डल मात्र अस्पष्ट दिखाई दे रहा है। युवती सचेत होकर बोली- "प्रियतम!" "क्या प्रिये?"

"नाथ! अब मैं तुमको पाऊँगी।"

"क्या अभी तक नहीं पाया था?"

"मैं अभी तक तुम्हें पहचान भी नहीं सकी थी। तुम क्या हो, आज बता दोगे?"

"क्या अपने को जान लिया था; तुम्हारा क्या उद्देश्य था?"

"अब कुछ-कुछ जान रही हूँ; जैसे मेरा अस्तित्व स्वप्न था; आध्यात्मिकता का मोह था; जो तुमसे भिन्न, स्वतन्त्र स्वरूप की कल्पना कर ली थी, वह अस्तित्व नहीं, विकृति थी। उद्देश्य की तो प्राप्ति हुआ ही चाहती है।"

युवती का मुख-मण्डल अस्पष्ट प्रतिबिम्ब मात्र रह गया था-युवक एक रमणीय तेज-पुंज था।

"तब और जानने की आवश्यकता नहीं, अब मिलना चाहती हो?"

"हूँ" अस्फुट शब्द का अन्तिम भाग प्रणव के समान गूँजने लगा!

"आओ, यह प्रलय-रूपी तुम्हारा मिलन आनन्दमय हो। आओ।"

अखण्ड शान्ति! आलोक!! आनन्द!!!

लहर

लहर

१

वे कुछ दिन कितने सुंदर थे?
जब सावन घन सघन बरसते
इन आँखों की छाया भर थे

सुरधनु रंजित नवजलधर से-
भरे क्षितिज व्यापी अंबर से
मिले चूमते जब सरिता के
हरित कूल युग मधुर अधर थे

प्राण पपीहे के स्वर वाली
बरस रही थी जब हरियाली
रस जलकन मालती मुकुल से
जो मदमाते गंध विधुर थे

चित्र खींचती थी जब चपला
नील मेघ पट पर वह विरला
मेरी जीवन स्मृति के जिसमें
खिल उठते वे रूप मधुर थे

२

उठ उठ री लघु लोल लहर!
करुणा की नव अंगड़ाई-सी,
मलयानिल की परछाई-सी
इस सूखे तट पर छिटक छहर!

शीतल कोमल चिर कम्पन-सी,
दुर्ललित हठीले बचपन-सी,
तू लौट कहाँ जाती है री
यह खेल खेल ले ठहर-ठहर!

उठ-उठ गिर-गिर फिर-फिर आती,
नर्तित पद-चिह्न बना जाती,
सिकता की रेखायें उभार

भर जाती अपनी तरल-सिहर!

तू भूल न री, पंकज वन में,
जीवन के इस सूनेपन में,
ओ प्यार-पुलक से भरी ढुलक!
आ चूम पुलिन के बिरस अधर!

अशोक की चिन्ता

जलता है यह जीवन पतंग

जीवन कितना? अति लघु क्षण,
ये शलभ पुंज-से कण-कण,
तृष्णा वह अनलशिखा बन
दिखलाती रक्तिम यौवन।
जलने की क्यों न उठे उमंग?

हैं ऊँचा आज मगध शिर
पदतल में विजित पड़ा,
दूरागत क्रन्दन ध्वनि फिर,
क्यों गूँज रही हैं अस्थिर

कर विजयी का अभिमान भंग?

इन प्यासी तलवारों से,
इन पैनी धारों से,
निर्दयता की मारो से,
उन हिंसक हुंकारों से,

नत मस्तक आज हुआ कलिंग।

यह सुख कैसा शासन का?
शासन रे मानव मन का!
गिरि भार बना-सा तिनका,
यह घटाटोप दो दिन का

फिर रवि शशि किरणों का प्रसंग!

यह महादम्भ का दानव
पीकर अनंग का आसव
कर चुका महा भीषण रव,
सुख दे प्राणी को मानव
तज विजय पराजय का कुढंग।

संकेत कौन दिखलाती,
मुकुटों को सहज गिराती,

जयमाला सूखी जाती,
नश्वरता गीत सुनाती,

तब नही थिरकते हैं तुरंग।

बैभव की यह मधुशाला,
जग पागल होनेवाला,
अब गिरा-उठा मतवाला
प्याले में फिर भी हाला,

यह क्षणिक चल रहा राग-रंग।

काली-काली अलकों में,
आलस, मद नत पलकों में,
मणि मुक्ता की झलकों में,
सुख की प्यासी ललकों में,

देखा क्षण भंगुर हैं तरंग।

फिर निर्जन उत्सव शाला,
नीरव नूपुर श्लथ माला,
सो जाती हैं मधु बाला,
सूखा लुढ़का हैं प्याला,

बजती वीणा न यहाँ मृदंग।

इस नील विषाद गगन में
सुख चपला-सा दुख घन मे,
चिर विरह नवीन मिलन में,
इस मरु-मरीचिका-वन में

उलझा हैं चंचल मन कुरंग।

आँसु कन-कन ले छल-छल
सरिता भर रही द्गंचल;
सब अपने में हैं चंचल;
छूटे जाते सूने पल,

खाली न काल का हैं निषंग।

वेदना विकल यह चेतन,
जड़ का पीड़ा से नर्तन,
लय सीमा में यह कम्पन,
अभिनयमय हैं परिवर्तन,

चल रही यही कब से कुढंग।

करुणा गाथा गाती हैं,
यह वायु बही जाती है,
ऊषा उदास आती हैं,
मुख पीला ले जाती है,

वन मधु पिंगल सन्ध्या सुरंग।

आलोक किरन हैं आती,
रेशमी डोर खिंच जाती,
दृग पुतली कुछ नच पाती,
फिर तम पट में छिप जाती,

कलरव कर सो जाते विहंग।

जब पल भर का हैं मिलना,
फिर चिर वियोग में झिलना,
एक ही प्राप्त हैं खिलना,
फिर सूख धूल में मिलना,

तब क्यों चटकीला सुमन रंग?

संसृति के विक्षत पर रे!
यह चलती हैं डगमग रे!
अनुलेप सदृश तू लग रे!
मृदु दल बिखेर इस मग रे!

कर चुके मधुर मधुपान भृंग।

भुनती वसुधा, तपते नग,
दुखिया है सारा अग जग,
कंटक मिलते हैं प्रति पग,
जलती सिकता का यह मग,

बह जा बन करुणा की तरंग,
जलता हैं यह जीवन पतंग।

प्रलय की छाया

थके हुए दिन के निराशा भरे जीवन की
सन्ध्या हैं आज भी तो धूसर क्षितिज में!
और उस दिन तो;
निर्जन जलधि-वेला रागमयी सन्ध्या से
सीखती थी सौरभ से भरी रंग-रलियाँ।
दूरागत वंशी रव
गूँजता था धीवरों की छोटी-छोटी नावों से।
मेरे उस यौवन के मालती-मुकुल में
रंध्र खोजती थी, रजनी की नीली किरणें
उसे उकसाने को-हँसाने को।
पागल हुई मैं अपनी ही मृदुगन्ध से
कस्तूरी मृग जैसी।

पश्चिम जलधि में,
मेरी लहरीली नीली अलकावली समान
लहरें उठती थी मानों चूमने को मुझको,
और साँस लेता था संसार मुझे छुकर।
नृत्यशीला शैशव की स्फूर्तियाँ
दौड़कर दूर जा खड़ी हो हँसने लगी।
मेरे तो,
चरण हुए थे विजड़ित मधु भार से।
हँसती अनंग-बालिकाएँ अन्तरिक्ष में
मेरी उस क्रीड़ा के मधु अभिषेक में
नत शिर देख मुझे।

कमनीयता थी जो समस्त गुजरात की
हुई एकत्र इस मेरी अंगलतिका में,
पलकें मदिर भार से थीं झुकी पड़ती।
नन्दन की शत-शत दिव्य कुसुम-कुन्तला
अप्सराएँ मानो वे सुगन्ध की पुतलियाँ
आ आकर चूम रहीं अरुण अधर मेरा
जिसमें स्वयं ही मुस्कान खिल पड़ती।
नूपुरों की झनकार घुली-मिली जाती थी
चरण अलक्तक की लाली से
जैसे अन्तरिक्ष की अरुणिमा

पी रही दिगन्त व्यापी सन्ध्या संगीत को।

कितनी मादकता थी?
लेने लगी झपकी मैं
सुख रजनी की विश्रम्भ-कथा सुनती;
जिसमें थी आशा
अभिलाषा से भरी थी जो
कामना के कमनीय मृदुल प्रमोद में
जीवन सुरा की वह पहली ही प्याली थी।
"आँखे खुली;
देखा मैने चरणों में लोटती थी
विश्व की विभव-राशि,
और थे प्रणत वहीं गुर्ज्जर-महीप भी।
वह एक सन्ध्या था।"

"श्यामा सृष्टि युवती थी
तारक-खचिक नीलपट परिधान था
अखिल अनन्त में
चमक रही थी लालसा की दीप्त मणियाँ
ज्योतिमयी, हासमयी, विकल विलासमयी
बहती थी धीरे-धीरे सरिता
उस मधु यामिनी में
मदकल मलय पवन ले ले फूलों से
मधुर मरन्द-बिन्द उसमें मिलाता था।
चाँदनी के अंचल में।
हरा भरा पुलिन अलस नींद ले रहा।

सृष्टि के रहस्य भी परखने को मुझको
तारिकाएँ झाँकती थी।
शत शतदलों की
मुद्रित मधुर गन्ध भीनी-भीनी रोम में
बहाती लावण्य धारा।
स्मर शशि किरणें
स्पर्श करती थी इस चन्द्रकान्त मणि को
स्निग्धता बिछलाती थी जिस मेरे अंग पर।

अनुराग पूर्ण था हृदय उपहार में
गुर्ज्जरेश पाँवड़े बिछाते रहे पलकों के,
तिरते थे
मेरी अँगड़ाइयों की लहरों में।
पीते मकरन्द थे
मेरे इस अधखिले आनन सरोज का
कितना सोहाग था, कैसा अनुराग था?
खिली स्वर्ण मल्लिका की सुरभित वल्लरी-सी

गुर्ज्जर के थाले में मरन्द वर्षा करती मैं।"

"और परिवर्तन वह!
क्षितिज पटी को आन्दोलित करती हुई
नीले मेघ माला-सी
नियति-नटी थी आई सहसा गगन में
तड़ित विलास-सी नचाती भौंहें अपनी।"
"पावक-सरोवर में अवभृथ स्नान था
आत्म-सम्मान-यज्ञ की वह पूर्णाहुति
सुना-जिस दिन पद्मिनी का जल मरना
सती के पवित्र आत्म गौरव की पुण्य-गाथा
गूँज उठी भारत के कोने-कोने जिस दिन;
उन्नत हुआ था भाल
महिला-महत्त्व का।

दृप्त मेवाड़ के पवित्र बलिदान का
ऊर्जित आलोक
आँख खोलता था सबकी।
सोचने लगी थी कुल-वधुएं, कुमारिकाएँ
जीवन का अपने भविष्य नये सिर से;
उसी दिन
बींधने लगी थी विषमय परतंत्रता।
देव-मन्दिरों की मूक घंटा-ध्वनि
व्यंग्य करती थी जब दीन संकेत से
जाग उठी जीवन की लाज भरी निद्रा से।

मै भी थी कमला,
रूप-रानी गुजरात की।
सोचती थी
पद्मिनी जली थी स्वयं किन्तु मैं जलाऊँगी
वह दवानल ज्वाला
जिसमें सुलतान जले।
देखे तो प्रचंड रूप-ज्वाला की धधकती
मुझको सजीव वह अपने विरुद्ध।
आह! कैसी वह स्पर्द्धा थी?
स्पर्द्धा थी रूप की
पद्मिनी की वाह्य रूप-रेखा चाहे तुच्छ थी,
मेरे इस साँचे मे ढले हुए शरीर के
सन्मुख नगण्य थी।

देखकर मुकुर, पवित्र चित्र पद्मिनी का
तुलना कर उससे,
मैंने समझा था यही।
वह अतिरंजित-सी तूलिका चितेरी की

फिर भी कुछ कम थी।
किन्तु था हृदय कहाँ?
वैसा दिव्य
अपनी कमी थी इतरा चली हृदय की
लधुता चली थी माप करने महत्त्व की।

"अभिनय आरम्भ हुआ
अन-हलवाड़ा में अनल चक्र घूमा फिर
चिर अनुगत सौन्दर्य के समादर में
गुज्जरेश मेरी उन इंगितों में नाच उठे।
नारी के चयन! त्रिगुणात्मक ये सन्निपात
किसको प्रमत्त नहीं करते
धैर्य किसका नहीं हरते ये?
वही अस्त्र मेरा था।
एक झटके में आज
गुर्जर स्वतंत्र साँस लेता था सजीव हो।

क्रोध सुलतान का दग्ध करने लगा
दावानल बनकर
हरा भरा कानन प्रफुल्ल गुजरात का।
बालको की करुण पुकारें, और वृद्धों की
आर्तवाणी,
क्रन्दन रमणियों का,
भैरव संगीत बना, तांडव-नृत्य-सा
होने लगा गुर्जर में।
अट्टहास करती सजीव उल्लास से
फाँद पड़ी मैं भी उस देश की विपत्ति में।

वही कमला हूँ मैं!
देख चिरसंगिनी रणांगण में, रंग में,
मेरे वीर पति आह कितने प्रसन्न थे
बाधा, विघ्न, आपदाएँ,
अपनी ही क्षुद्रता में टलती-बिचलती
हँसते वे देख मुझे
मै भी स्मित करती।
किन्तु शक्ति कितनी थी उस कृत्रिमता में?
संबल बचा न जब कुछ भी स्वदेश में
छोड़ना पड़ा ही उसे।
निर्वासित हम दोनों खोजते शरण थे,
किन्तु दुर्भाग्य पीछा करने में आगे था।

"वह दुपहरी थी,
लू से झुलसानेवाली; प्यास से जलानेवाली।
थके सो रहे थे तरुछाया में हम दोनों

तुर्कों का एक दल आया झंझावात-सा।
मेरे गुज्जरेश!
आज किस मुख से कहूँ?
सच्चे राजपूत थे,
वह खंग लीला खड़ी देखती रही मैं वही
गत-प्रत्यागत में और प्रत्यावर्तन में
दूर वे चले गये,
और हुई बन्दी मै।

वाह री नियति!
उस उज्जवल आकाश में
पद्मिनी की प्रतिकृति-सी किरणों में बनकर
व्यंग्य-हास करती थी।
एक क्षण भ्रम के भुलावे में डालकर
आज भी नचाता वही,
आज सोचती हूँ जैसे पद्मिनी थी कहती-
"अनुकरण कर मेरा"
समझ सकी न मैं।
पद्मिनी की भूल जो थी समझने को
सिंहिनी की दृप्त मूर्ति धारण कर
सन्मुख सुलतान के
मारने की, मरने की अटल प्रतिज्ञा हुई।

उस अभिमान में
मैने ही कहा था - छाती ऊँची कर उनसे -
"ले चलो मैं गुर्जर की रानी हूँ, कमला हूँ"
वाह री! विचित्र मनोवृत्ति मेरी!
कैसा वह तेरा व्यंग्य परिहास-शील था?
उस आपदा में आया ध्यान निज रूप का।
रूप यह!
देखे तो तुरुष्कपति मेरा भी
कितनी महीन और कितनी अभूतपूर्व?

बन्दिनी मैं बैठी रही
देखती थी दिल्ली कैसी विभव विलासिनी।
यह ऐश्वर्य की दुलारी, प्यारी क्रूरता की
एक छलना-सी, सजने लगी थी सन्ध्या में।
कृष्णा वह आई फिर रजनी भी।
खोलकर ताराओं की विरल दशन पंक्ति
अट्टहास करती थी दूर मानो व्योम में।
जो न सुन पड़ा अपने ही कोलाहल में!

कभी सोचती थी प्रतिशोध लेना पति का
कभी निज रूप सुन्दरता की अनुभूति

क्षणभर चाहती जगाना मैं
सुलतान ही के उस निर्मम हृदय में,
नारी मैं!
कितनी अबला थी और प्रमदा थी रूप की!

साहस उमड़ता था वेग-पूर-ओघ-सा
किन्तु हलकी थी मैं,
तृण बह जाता जैसे
वैसे मैं विचारों में ही तिरती-सी फिरती।
कैसी अवहेलना थी यह मेरी शत्रुता की
इस मेरे रूप की।

आज साक्षात होगा कितने महीनों पर
लहरी-सदृश उठती-सी गिरती-सी मैं
अद्भूत! चमत्कार!! दृप्त निज गरिमा में
एक सौंदर्यमयी वासना की आँधी-सी
पहुँची समीप सुलतान के।
तातारी दासियों मे मुझको झुकाना चाहा
मेरे ही घुटनों पर,
किन्तु अविचल रही।
मणि-मेखला में रही कठिन कृपानी जो
चमकी वह सहसा
मेरे ही वक्ष का रुधिर पान करने को।
किन्तु छिन गई वह
और निरुपाय मैं तो ऐंठ उठी डोरी-सी,
अपमान-ज्वाला में अधीर होके जलती।

अन्त करने का और वहीं मर जाने का
मेरा उत्साह मन्द हो चला।
उसी क्षण बचकर मृत्यु महागर्त से सोचने लगी थी मैं-

"जीवन सौभाग्य हैं; जीवन अलभ्य हैं।"
चारों और लालसा भिखरिणी-सी माँगती थी
प्राणों के कण-कण दयनीय स्पृहणीय
अपने विश्लेषण रो उठे अकिंचन जो
"जीवन अनन्त हैं,
इसे छिन्न करने का किसे अधिकार हैं?"
जीवन की सीमामयी प्रतिमा
कितनी मधुर हैं?
विश्व-भर से मैं जिसे छाती मे छिपाये रही।

कितनी मधुर भीख माँगते हैं सब ही:-
अपना दल-अंचल पसारकर बन-राजी,
माँगती हैं जीवन का बिन्द-बिन्द ओस-सा

क्रन्दन करता-सा जलनिधि भी
माँगता हैं नित्य मानो जरठ भिखारी-सा
जीवन की धारा मीठी-मीठी सरिताओं से।
व्याकुल हो विश्व, अन्ध तम से
भोर में ही माँगता हैं
"जीवन की स्वर्णमयी किरणें प्रभा भरी।
जीवन ही प्यारा हैं जीवन सौभाग्य है।"

रो उठी मैं रोष भरी बात कहती हुई
"मारकर भी क्या मुझे मरने न दोगे तुम?
मानती हूँ शक्तिशाली तुम सुलतान हो
और मैं हूँ बन्दिनी।
राज्य हैं बचा नहीं,
किन्तु क्या मनुष्यता भी मुझमें रही नहीं
इतनी मैं रिक्त हूँ?"
क्षोभ से भरा कंठ फिर चुप हो रही।

शक्ति प्रतिनिधि उस दृप्त सुलतान की
अनुनय भरी वाणी गूँज उठा कान में।
"देखता हूँ मरना ही भारत की नारियों का
एक गीत-भार हैं!
रानी तुम बन्दिनी हो मेरी प्रार्थनाओं में
पद्मिनी को खो दिया हैं
किन्तु तुमको नहीं!
शासन करोगी इन मेरी क्रूरताओं पर
निज कोमलता से-मानस की माधुरी से!
आज इस तीव्र उत्तेजना की आँधी में
सुन न सकोगी, न विचार ही करोगी तुम
ठहरो विश्राम करों।"
अति द्रुत गति से
कब सुलतान गये
जान सकी मैं न, और तब से
यह रंगमहल बना सुवर्ण पींजरा।

"एक दिन, संध्या थी;
मलिन उदास मेरे हृदय पटल-सा
लाल पीला होता था दिगन्त निज क्षोभ से।
यमुना प्रशान्त मन्द-मन्द निज धारा में,
करुण विषाद मयी
बहती थी धरा के तरल अवसाद-सी।
बैठी हुई कालिमा की चित्र-पटी देखती
सहसा मैं चौंक उठी द्रुत पद-शब्द से।

सामने था

शैशव से अनुचर
मानिक युवक अब
खिंच गया सहसा
पश्चिम-जलधि-कूल का वह सुरम्य चित्र
मेरी इन दुखिया अँखड़ियों के सामने।
जिसको बना चुका था मेरा यह बालपन
अद्भुत कुतूहल औ' हँसी की कहानी से।

मैने कहा:-
"कैसे तू अभागा यहाँ पहुँचा हैं मरने?"
"मरने तो नहीं यहाँ जीवन की आशा में
आ गया हूँ रानी! -भला
कैसे मैं न आता यहाँ?"
कह, वह चुप था।
छूरे एक हाथ में
दूसरे सो दोनों हाथ पकड़े हुए वहीं
प्रस्तुत थीं तातारी दासियाँ।
सहसा सुलतान भी दिखाई पड़े,
और मैं थी मूक गरिमा के इन्द्रजाल में।

"मृत्युदंड!"
वज्र-निर्घोष-सा सुनाई पड़ा भीषणतम
मरता है मानिक!
गूँज उठा कानों में-
"जीवन अलभ्य हैं; जीवन सौभाग्य हैं।"
उठी एक गर्व-सी
किन्तु झुक गई अनुनय की पुकार में
"उसे छोड़ दीजिए" - निकल पडा मुँह से।

हँसे सुलतान,और अप्रतिम होती मैं
जकड़ी हुई थी अपनी ही लाज-शृंखला में।
प्रार्थना लौटाने का उपाय अब कौन था?
अपने अनुग्रह के भार से दबाते हुए
कहा सुलतान ने-
"जाने दो रानी की पहली यह आज्ञा हैं।"
हाय रे हृदय! तूने
कौड़ी के मोल बेचा जीवन का मणि-कोष
और आकाश को पकड़ने की आशा में
हाथ ऊँचा किये सिर दे दिया अतल में।

"अन्तर्निहित था
लालसाएँ, वासनाएँ जितनी अभाव में
जीवन की दीनता में और पराधीनता में
पलने लगीं वे चेतना के अनजान में।

धीरे-धीरे आती हैं जैसे मादकता
आँखों के अजान में, ललाई में ही छिपती;
चेतना थी जीवन की फिर प्रतिशोध की।
किन्तु किस युग से वासना के बिन्द रहे सींचते
मेरे संवेदनो को।
यामिनी के गूढ़ अन्धकार में
सहसा जो जाग उठे तारा से
दुर्बलता को मानती-सी अवलम्ब मैं
खड़ी हुई जीवन की पिच्छिल-सी भूमि पर।
बिखरे प्रलोभनों को मानती-सी सत्य मैं
शासन की कामना में झूमी मतवाली हो।

एक क्षण, भावना के उस परिवर्तन का
कितना अर्जित था?
जीवित हैं गुज्जरेश! कर्णदेव!
भेजा संदेश मुझे "शीघ्र अन्त कर दो
जीवन की लीला।"
लालसा की अर्द्ध कृति-सी!
उस प्रत्यावर्तन मे प्राण जो न दे सके, हाँ
जीवित स्वयं हैं।

जियें फिर क्यों न सब अपनी ही आशा में?
बन्दिनी हुई मैं अबला थी;
प्राणों का लोभ उन्हें फिर क्यों न बचा सका?
प्रेम कहाँ मेरा था?
और मुझमे भी कैसे कहूँ शुद्ध प्रेम था।
मानिक कहता हैं, आह, मुझे मर जाने को।
रूप न बनाया रानी मुझे गुजरात की,
वही रूप आज मुझे प्रेरित था करता
भारतेश्वरी का पद लेने को।

लोभ मेरा मूर्तिमान, प्रतिशोध था बना
और सोचती थी मैं, आज हूँ विजयिनी
चिर पराजित सुलतान पद तल में।
कृष्णागुरुवर्तिका
जल चुकी स्वर्ण पात्र के ही अभिमान में
एक धूम-रेखा मात्र शेष थी,
उस निस्पन्द रंग मन्दिर के व्योम में
क्षीणगन्ध निरवलम्ब।
किन्तु मैं समझती थी, यही मेरी जीवन हैं!
यह उपहार हैं, श्रृंगार हैं।
मेरा रूप माधुरी का।

मणि नूपुरों की बीन बजी, झनकार से

गूँज उठी रंगशाला इस सौन्दर्य की
विश्व था मनाता महोत्सव अभिमान का
आज विजयी था रूप
और साम्राज्य था नृशंस क्रूरताओं का
रूप माधुरी की कृपा-कोर को निरखता
जिसमें मदोद्धत कटाक्ष की अरुणिमा
व्यंग्य करती थी विश्व भर के अनुराग पर।
अवहेलना से अनुग्रह थे बिखरते।
जीवन के स्वप्न सब बनते-बिगड़ते थे
भवें बल खाती जब;
लोगों की अदृष्ट लिपि लिखी-पढ़ी जाती थी
इस मुसक्यान के, पद्मराग-उद्गम से
बहता सुगन्ध की सुधा का सोता मन्द-मन्द।

रतन राजि, सींची जाती सुमन-मरन्द से
कितनी ही आँखों की प्रसन्न नील ताराएँ
बनने को मुकुर-अचंचल, निस्पन्द थी।
इन्हीं मीन दृगों को चपल संकेत बन
शासन, कुमारिका से हिमालय-शृंग तक
अथक अबाध और तीव्र मेध-ज्योति-सा
चलता था-
हुआ होगा बनना सफल जिसे देखकर
मंजु मीन-केतन अनंग का।
मुकुट पहनते थे सिर, कभी लोटते थे
रक्त दग्ध धरणी मे रूप की विजय में।
हर में सुलतान की
देखती सशंक दृग कोरों से
निज अपमान को।"

"बेच दिया
विश्व इन्द्रजाल में सत्य कहते हैं जिसे;
उसी मानवता के आत्म सम्मान को।"
जीवन में आता हैं परखने का
जिसे कोई एक क्षण,
लोभ, लालसा या भय, क्रोध, प्रतिशोध के
उग्र कोलाहल में,
जिसकी पुकार सुनाई ही नही पड़ती।
सोचा था उस दिन:
जिस दिन अधिकार-क्षुब्ध उस दास ने,
अन्त किया छल से काफूर ने
अलाउद्दीन का, मुमूर्षु सुलतान का।

आँधी में नृशंसता की रक्त-वर्षा होने लगी
रूप वाले, शीश वाले, प्यार से फले हुए

प्राणी राज-वंश के
मारे गये।
वह एक रक्तमयी सन्ध्या थी।
शक्तिशाली होना अहोभाग्य हैं
और फिर
बाधा-विघ्न-आपदा के तीव्र प्रतिघात का
सबल विरोध करने में कैसा सुख हैं?
इसका भी अनुभव हुआ था भली-भाँति मुझे
किन्तु वह छलना थी मिथ्या अधिकार की।

जिस दिन सुना अकिंचन परिवारी ने;
आजीवन दास ने, रक्त से रँगे हुए;
अपने ही हाथों पहना है राज मुकुट।

अन्त कर दास राजवंश का,
लेकर प्रचंड प्रतिशोध निज स्वामी का
मानिक ने, खुसरु के नाम से
शासन का दंड किया ग्रहण सदर्प हैं।
उसी दिन जान सकी अपनी मैं सच्ची स्थिति
मैं हूँ किस तल पर?
सैकड़ों ही वृश्चिकों का डंक लगा एक साथ
मैं जो करने थी आई
उसे किया मानिक ने।
खुसरु ने!!

उद्धत प्रभुत्व का
वात्याचक्र! उठा प्रतिशोध-दावानल में
कह गया अभी-अभी नीच परिवारी वह!
"नारी यह रूप तेरा जीवित अभिशाप हैं
जिसमें पवित्रता की छाया भी पड़ी नहीं।
जितने उत्पीड़न थे चूर हो दबे हुए,
अपना अस्तित्व हैं पुकारते,
नश्वर संसार में
ठोस प्रतिहिंसा की प्रतिध्वनि है चाहते।"
"लूटा था दृप्त अधिकार में
जितना विभव, रूप, शील और गौरव को
आज वे स्वतंत्र हो बिखरते है!
एक माया-स्पूत-सा
हो रहा है लोप इन आँखों के सामने।"

देख कमलावती।
ढुलक रही हैं हिम-बिन्द-सी
सत्ता सौन्दर्य के चपल आवरण की।
हँसती है वासना की छलना पिशाची-सी

छिपकर चारों और ब्रीड़ा की अँगुलियाँ
करती संकेत हैं व्यंग्य उपहास में।
ले चली बहाती हुई अन्ध के अतल में
वेग भरी वासना
अन्तक शरभ के
काले-काले पंख ढकते हैं अन्ध तम से।
पुण्य ज्योति हीन कलुषित सौन्दर्य का-
गिरता नक्षत्र नीचे कालिमा की धारा-सा
असफल सृष्टि सोती-
प्रलय की छाया में।

ले चल वहाँ भुलावा देकर

ले चल वहाँ भुलावा देकर
मेरे नाविक! धीरे-धीरे।
जिस निर्जन में सागर लहरी,
अम्बर के कानों में गहरी,
निश्छल प्रेम-कथा कहती हो-
तज कोलाहल की अवनी रे।

जहाँ साँझ-सी जीवन-छाया,
ढीली अपनी कोमल काया,
नील नयन से ढुलकाती हो-
ताराओं की पाँति घनी रे।

जिस गम्भीर मधुर छाया में,
विश्व चित्र-पट चल माया में,
विभुता विभु-सी पड़े दिखाई-
दुख-सुख बाली सत्य बनी रे।

श्रम-विश्राम क्षितिज-वेला से
जहाँ सृजन करते मेला से,
अमर जागरण उषा नयन से-
बिखराती हो ज्योति घनी रे!

निज अलकों के अंधकार में

निज अलकों के अन्धकार मे
तुम कैसे छिप आओगे?
इतना सजग कुतूहल! ठहरो,
यह न कभी बन पाओगे!

आह, चूम लूँ जिन चरणों को
चाँप-चाँपकर उन्हें नहीं
दुख दो इतना, अरे अरुणिमा
ऊषा-सी वह उधर बही।

वसुधा चरण-चिह्न-सी बनकर
यहीं पड़ी रह जावेगी।
प्राची रज कुंकुम ले चाहे
अपना भाल सजावेगी।

देख मैं लूँ इतनी ही तो है इच्छा?
लो सिर झुका हुआ।
कोमल किरन-उँगलियो से ढँक दोगे
यह दृग खुला हुआ।

फिर कह दोगे;पहचानो तो
मैं हूँ कौन बताओ तो।
किन्तु उन्हीं अधरों से, पहले
उनकी हँसी दबाओ तो।

सिहर रेत निज शिथिल मृदुल
अंचल को अधरों से पकड़ो।
बेला बीत चली हैं चंचल
बाहु-लता से आ जकड़ो।

तुम हो कौन और मैं क्या हूँ?
इसमें क्या है धरा, सुनो,
मानस जलधि रहे चिर चुम्बित
मेरे क्षितिज! उदार बनो।

मधुप गुनगुनाकर कह जाता

मधुप गुनगुना कर कह जाता कौन कहानी अपनी,
मुरझा कर गिर रही पत्तियां देखो कितनी आज घनी

इस गंभीर अनंत नीलिमा में अस्संख्य जीवन-इतिहास-
यह लो, करते ही रहते हैं अपना व्यंग्य-मलिन उपहास

तब बही कहते हो-काह डालूं दुर्बलता अपनी बीती!
तुम सुनकर सुख पाओगे, देखोगे – यह गागर रीती

किन्तु कहीं ऐसा ना हो की तुम खली करने वाले-
अपने को समझो-मेरा रस ले अपनी भरने वाले

यह विडम्बना! अरी सरलते तेरी हँसी उड़ाऊँ मैं
भूलें अपनी, या प्रवंचना औरों की दिखलाऊं मैं

उज्जवल गाथा कैसे गाऊं मधुर चाँदनी रातों की
अरे खिलखिला कार हसते होने वाली उन बातों की

मिला कहाँ वो सुख जिसका मैं स्वप्न देख कार जाग गया?
आलिंगन में आते-आते मुसक्या कर जो भाग गया

जिसके अरुण-कपोलों की मतवाली सुंदर छाया में
अनुरागिनी उषा लेती थी निज सुहाग मधुमाया में

उसकी स्मृति पाथेय बनी है थके पथिक की पन्था की
सीवन को उधेड कर देखोगे क्यों मेरी कन्था की?

छोटे-से जीवन की कैसे बड़ी कथाएं आज कहूँ?
क्या ये अच्छा नहीं कि औरों की सुनता मैं मौन रहूँ?

सुनकर क्या तुम भला करोगे-मेरी भोली आत्म-कथा?
अभी समय बही नहीं- थकी सोई है मेरी मौन व्यथा

अरी वरुणा की शांत कछार

अरी वरुणा की शांत कछार!
तपस्वी के वीराग की प्यार!

सतत व्याकुलता के विश्राम, अरे ऋषियों के कानन कुञ्ज!
जगत नश्वरता के लघु त्राण, लता, पादप,सुमनों के पुञ्ज!
तुम्हारी कुटियों में चुपचाप, चल रहा था उज्ज्वल व्यापार
स्वर्ग की वसुधा से शुचि संधि, गूंजता था जिससे संसार

अरी वरुणा की शांत कछार!
तपस्वी के वीराग की प्यार!

तुम्हारे कुंजो में तल्लीन, दर्शनों के होते थे वाद
देवताओं के प्रादुर्भाव, स्वर्ग के सपनों के संवाद
स्निग्ध तरु की छाया में बैठ, परिषदें करती थी सुविचार-
भाग कितना लेगा मस्तिष्क,हृदय का कितना है अधिकार?

अरी वरुणा की शांत कछार!
तपस्वी के वीराग की प्यार!

छोड़कर पार्थिव भोग विभूति, प्रेयसी का दुर्लभ वह प्यार
पिता का वक्ष भरा वात्सल्य, पुत्र का शैशव सुलभ दुलार
दुःख का करके सत्य निदान, प्राणियों का करने उद्धार
सुनाने आरण्यक संवाद, तथागत आया तेरे द्वार

अरी वरुणा की शांत कछार!
तपस्वी के वीराग की प्यार!

मुक्ति जल की वह शीतल बाढ़,जगत की ज्वाला करती शांत
तिमिर का हरने को दुख भार, तेज अमिताभ अलौकिक कांत
देव कर से पीड़ित विक्षुब्ध, प्राणियों से कह उठा पुकार–
तोड़ सकते हो तुम भव-बंध, तुम्हें है यह पूरा अधिकार

अरी वरुणा की शांत कछार!
तपस्वी के वीराग की प्यार!

छोड़कर जीवन के अतिवाद, मध्य पथ से लो सुगति सुधार.
दुःख का समुदय उसका नाश, तुम्हारे कर्मो का व्यापार

विश्व-मानवता का जयघोष, यहीं पर हुआ जलद-स्वर-मंद्र
मिला था वह पावन आदेश, आज भी साक्षी है रवि-चंद्र

अरी वरुणा की शांत कछार!
तपस्वी के वीराग की प्यार!

तुम्हारा वह अभिनंदन दिव्य और उस यश का विमल प्रचार
सकल वसुधा को दे संदेश, धन्य होता है बारम्बार
आज कितनी शताब्दियों बाद, उठी ध्वंसों में वह झंकार
प्रतिध्वनि जिसकी सुने दिगन्त, विश्व वाणी का बने विहार

हे सागर संगम अरुण नील

हे सागर संगम अरुण नील!

अतलान्त महा गंभीर जलधि
तज कर अपनी यह नियत अवधि,
लहरों के भीषण हासों में
आकर खारे उच्छ्वासों में

युग युग की मधुर कामना के
बन्धन को देता ढील।
हे सागर संगम अरुण नील।

पिंगल किरनों-सी मधु-लेखा,
हिमशैल बालिका को तूने कब देखा!

कवरल संगीत सुनाती,
किस अतीत युग की गाथा गाती आती।

आगमन अनन्त मिलन बनकर
बिखराता फेनिल तरल खील।
हे सागर संगम अरुण नील!

आकुल अकूल बनने आती,
अब तक तो है वह आती,

देवलोक की अमृत कथा की माया
छोड़ हरित कानन की आलस छाया

विश्राम माँगती अपना।
जिसका देखा था सपना

निस्सीम व्योम तल नील अंक में
अरुण ज्योति की झील बनेगी कब सलील?
हे सागर संगम अरुण नील!

उस दिन जब जीवन के पथ में

उस दिन जब जीवन के पथ में,
छिन्न पात्र ले कम्पित कर में,
मधु-भिक्षा की रटन अधर में,
इस अनजाने निकट नगर में,
आ पहुँचा था एक अकिंचन।

उस दिन जब जीवन के पथ में,
लोगों की आखें ललचाईं,
स्वयं माँगने को कुछ आईं,
मधु सरिता उफनी अकुलाईं,
देने को अपना संचित धन।

उस दिन जब जीवन के पथ में,
फूलों ने पंखुरियाँ खोलीं,
आँखें करने लगी ठिठोली;
हृदय ने न सम्हाली झोली,
लुटने लगे विकल पागल मन।

उस दिन जब जीवन के पथ में,
छिन्न पात्र में था भर आता
वह रस बरबस था न समाता;
स्वयं चकित-सा समझ न पाता
कहाँ छिपा था, ऐसा मधुवन!

उस दिन जब जीवन के पथ में,
मधु-मंगल की वर्षा होती,
काँटों ने भी पहना मोती,
जिसे बटोर रही थी रोती
आशा, समझ मिला अपना धन।

आँखों से अलख जगाने को

आँखों से अलख जगाने को,
यह आज भैरवी आई है
उषा-सी आँखों में कितनी,
मादकता भरी ललाई है

कहता दिगन्त से मलय पवन
प्राची की लाज भरी चितवन-
है रात घूम आई मधुबन,
यह आलस की अंगराई है

लहरों में यह क्रीड़ा-चंचल,
सागर का उद्वेलित अंचल
है पोंछ रहा आँखें छलछल,
किसने यह चोट लगाई है?

आह रे, वह अधीर यौवन

आह रे, वह अधीर यौवन!

मत्त-मारुत पर चढ़ उद्भ्रांत,
बरसने ज्यों मदिरा अश्रांत-
सिंधु वेला-सी घन मंडली,
अखिल किरणों को ढँककर चली,
भावना के निस्सीम गगन,
बुद्धि-चपला का क्षण–नर्तन-
चूमने को अपना जीवन,
चला था वह अधीर यौवन!
आह रे, वह अधीर यौवन!

अधर में वह अधरों की प्यास,
नयन में दर्शन का विश्वास,
धमनियों में आलिंगनमयी–
वेदना लिये व्यथाएँ नयी,
टूटते जिससे सब बंधन,
सरस सीकर से जीवन-कन,
बिखर भर देते अखिल भुवन,
वही पागल अधीर यौवन!
आह रे, वह अधीर यौवन!

मधुर जीवन के पूर्ण विकास,
विश्व-मधु-ऋतु के कुसुम-विकास,
ठहर, भर आँखों देख नयी-
भूमिका अपनी रंगमयी,
अखिल की लघुता आई बन–
समय का सुन्दर वातायन,
देखने को अदृष्ट नर्तन
अरे अभिलाषा के यौवन!
आह रे, वह अधीर यौवन!!

तुम्हारी आँखों का बचपन

तुम्हारी आँखों का बचपन!

खेलता था जब अल्हड़ खेल,
अजिर के उर में भरा कुलेल,
हारता था हँस-हँस कर मन,
आह रे, व्यतीत जीवन!

साथ ले सहचर सरस वसन्त,
चंक्रमण करता मधुर दिगन्त,
गूँजता किलकारी निस्वन,
पुलक उठता तब मलय-पवन।

स्निग्ध संकेतों में सुकुमार,
बिछल,चल थक जाता जब हार,
छिड़कता अपना गीलापन,
उसी रस में तिरता जीवन।

आज भी हैं क्या नित्य किशोर
उसी क्रीड़ा में भाव विभोर
सरलता का वह अपनापन
आज भी हैं क्या मेरा धन!

तुम्हारी आँखों का बचपन!

अब जागो जीवन के प्रभात

अब जागो जीवन के प्रभात!

वसुधा पर ओस बने बिखरे
हिमकन आँसू जो क्षोम भरे
ऊषा बटोरती अरुण गात!

तम-नयनो की ताराएँ सब
मुँद रही किरण दल में हैं अब,
चल रहा सुखद यह मलय वात!

रजनी की लाज समेटी तो,
कलरव से उठ कर भेंटो तो,
अरुणांचल में चल रही वात।

कोमल कुसुमों की मधुर रात

कोमल कुसुमों की मधुर रात!

शशि-शतदल का यह सुख विकास,
जिसमें निर्मल हो रहा हास,
उसकी सांसो का मलय वात!
कोमल कुसुमों की मधुर रात!

वह लाज भरी कलियाँ अनंत,
परिमल-घूँघट ढँक रहा दन्त,
कंप-कंप चुप-चुप कर रही बात.
कोमल कुसुमों की मधुर रात!

नक्षत्र-कुमुद की अलस माल,
वह शिथिल हँसी का सजल जाल-
जिसमें खिल खुलते किरण पात
कोमल कुसुमों की मधुर रात!

कितने लघु-लघु कुडलम अधीर,
गिरते बन शिशिर-सुगंध-नीर,
हों रहा विश्व सुख-पुलक गात

कितने दिन जीवन जल-निधि में

कितने दिन जीवन जल-निधि में

विकल अनिल से प्रेरित होकर
लहरी, कूल चूमने चलकर
उठती गिरती-सी रुक-रुककर
सृजन करेगी छवि गति-विधि में!

कितनी मधु-संगीत-निनादित
गाथाएँ निज ले चिर-संचित
तरल तान गावेगी वंचित!
पागल-सी इस पथ निरवधि में!

दिनकर हिमकर तारा के दल
इसके मुकुर वक्ष में निर्मल
चित्र बनायेंगे निज चंचल!
आशा की माधुरी अवधि में!

मेरी आँखों की पुतली में

मेरी आँखों की पुतली में
तू बनकर प्रान समा जा रे!

जिसके कन-कन में स्पन्दन हो,
मन में मलयानिल चन्दन हो,
करुणा का नव-अभिनन्दन हो
वह जीवन गीत सुना जा रे!

खिंच जाये अधर पर वह रेखा
जिसमें अंकित हो मधु लेखा,
जिसको वह विश्व करे देखा,
वह स्मिति का चित्र बना जा रे!

जग की सजल कालिमा रजनी

जग की सजल कालिमा रजनी में मुखचन्द्र दिखा जाओ
हृदय अँधेरी झोली इनमे ज्योति भीख देने आओ
प्राणों की व्याकुल पुकार पर एक मींड़ ठहरा जाओ
प्रेम वेणु की स्वर- लहरी में जीवन - गीत सुना जाओ

स्नेहालिंगन की लतिकाओं की झुरमुट छा जाने दो
जीवन-धन! इस जले जगत को वृन्दावन बन जाने दो

वसुधा के अंचल पर

वसुधा के अंचल पर
यह क्या कन-कन-सा गया बिखर?
जल शिशु की चंचल कीड़ा-सा,
जैसे सरसिज दल पर।

लालसा निराशा में ढलमल
वेदना और सुख में विह्वल
यह क्या है रे मानव जीवन?
कितना है रहा निखर।

मिलने चलने जब दो कन,
आकर्षण-मय चुम्बन बन,
दल के नस-नस मे बह जाती
लघु-लघु धारा सुन्दर।

हिलता-ढुलता चंचल दल,
ये सब कितने हैं रहे मचल
कन-कन अनन्त अम्बुधि बनते।
कब रुकती लीला निष्ठर।

तब क्यों रे फिर यह सब क्यों?
यह रोष भरी लाली क्यों?
गिरने दे नयनों से उज्ज्वल
आँसू के कन मनहर।

वसुधा के अंचल पर।

अपलक जगती हो एक रात

अपलक जगती हो एक रात!

सब सोये हों इस भूतल में,
अपनी निरीहता सम्बल में
चलती हो कोई भी न बात!

पथ सोये हों हरियाली में,
हों सुमन सो रहे डाली में,
हो अलस उनींदी नखत पाँत!

नीरव प्रशान्ति का मौन बना,
चुपके किसलय से बिछल छता;
थकता हो पंथी मलय-बात।

वक्षस्थल में जो छिपे हुए
सोते हों हृदय अभाव लिए
उनके स्वप्नों का हो न प्रात।

जगती की मंगलमयी उषा बन

जगती की मंगलमयी उषा बन,
करुणा उस दिन आई थी,
जिसके नव गैरिक अंचल की प्राची में भरी ललाई थी।

भय- संकुल रजनी बीत गई,
भव की व्याकुलता दूर गई,
घन-तिमिर-भार के लिए तड़ित स्वर्गीय किरण बन आई थी।

खिलती पंखुरी पंकज- वन की,
खुल रही आँख रिषी पत्तन की,
दुख की निर्ममता निरख कुसुम -रस के मिस जो भार आई थी।

कल-कल नादिनी बहती-बहती-
प्राणी दुख की गाथा कहती-
वरूणा द्रव होकर शांति-वारि शीतलता-सी भर लाई थी।

पुलकित मलयानिल कूलो में,
भरता अंजलि था फूलों में ,
स्वागत था अभया वाणी का निष्ठरता लिये बिदाई थी।

उन शांत तपोवन कुंजो में,
कुटियों, त्रिन विरुध पुंजो में,
उटजों में था आलोक भरा कुसुमित लतिका झुक आई थी।

मृग मधुर जुगाली करते से,
खग कलरव में स्वर भरते से,
विपदा से पूछ रहे किसकी पद्ध्वनी सुनने में आई थी।

प्राची का पथिक चला आता ,
नभ पद- पराग से भर जाता,
वे थे पुनीत परमाणु दया ने जिसने सृष्टि बनाई थी।
तप की तारुन्यमयी प्रतिमा,
प्रज्ञा पारमिता की गरिमा,
इस व्यथित विश्व की चेतनता गौतम सजीव बन आई थी।

उस पावन दिन की पुण्यमयी,
स्मृति लिये धारा है धैर्यमयी,

जब धर्म- चक्र के सतत-प्रवर्तन की प्रसन्न ध्वनि छाई थी।

युग-युग की नव मानवता को,
विस्तृत वसुधा की विभुता को,
कल्याण संघ की जन्मभूमि आमंत्रित करती आई थी।

स्मृति-चिन्हों की जर्जरता में,
निष्ठर कर की बर्बरता में,
भूलें हम वह संदेश न जिसने फेरी धर्म दुहाई थी।

युग-युग की नव मानवता को,
विस्तृत वसुधा की विभुता को,
कल्याण संघ की जन्मभूमि आमंत्रित करती आई थी।

स्मृति-चिन्हों की जर्जरता में,
निष्ठर कर की बर्बरता में,

चिर तृषित कंठ से तृप्त-विधुर

चिर संचित कंठ से तृप्त-विधुर
वह कौन अकिंचन अति आतुर
अत्यंत तिरस्कृत अर्थ सदृश
ध्वनि कम्पित करता बार-बार,
धीरे से वह उठता पुकार-
मुझको न मिला रे कभी प्यार।

सागर लहरों सा आलिंगन
निष्फल उठकर गिरता प्रतिदिन
जल वैभव है सीमा-विहीन
वह रहा एक कन को निहार,
धीरे से वह उठता पुकार-
मुझको न मिला रे कभी प्यार।

अकरुण वसुधा से एक झलक
वह स्मृत मिलने को रहा ललक
जिसके प्रकाश में सकल कर्म
बनते कोमल उज्जवल उदार,
धीरे से वह उठता पुकार-
मुझको न मिला रे कभी प्यार।

फैलाती है जब उषा राग
जग जाता है उसका विराग
वंचकता, पीड़ा, छ्हिना, मोह
मिलकर बिखेरते अंधकार,
धीरे से वह उठता पुकार-
मुझको न मिला रे कभी प्यार।

ढल विरल डालियाँ भरी मुकुल
झुकती सौरभ रस लिये अतुल
अपने विषद -विष में मूर्छित
काँटों से बिंध कर बार बार,
धीरे से वह उठता पुकार-
मुझको न मिला रे कही प्यार।

जीवन रजनी का अमल इंदु

न मिला स्वाति का एक बिंदु
जो हृदय सीप में मोती बन
पूरा कर देता लक्षहार,
धीरे से वह उठता पुकार-
मुझको न मिला रे कभी प्यार।

पागल रे! वह मिलता है कब
उसको तो देते ही हैं सब
आँसू के कन-कन से गिन कर
यह विश्व लिये है ऋण उधर,
तू क्यों फिर उठता है पुकार?
मुझको न मिला रे कभी प्यार।

काली आँखों का अंधकार

काली आँखों का अन्धकार
तब हो जाता है वार पार,
मद पिये अचेतन कलाकार
उन्मीलित करता क्षितिज पार

वह चित्र! रंग का ले बहार
जिसमें हैं केवल प्यार प्यार!

केवल स्मितिमय चाँदनी रात,
तारा किरनों से पुलक गात,
मधुपों मुकुलों के चले घात,
आता हैं चुपके मलय वात,

सपनों के बादल का दुलार।
तब दे जाता हैं बूँद चार!

तब लहरों-सा उठकर अधीर
तू मधुर व्यथा-सा शून्य चीर,
सूखे किसलय-सा भरा पीर
गिर जा पतझड़ का पा समीर।

पहने छाती पर तरल हार।
पागल पुकार फिर प्यार प्यार!

अरे कहीं देखा है तुमने

अरे कहीं देखा हैं तुमने
मुझे प्यार करनेवाले को?
मेरी आँखों में आकर फिर
आँसू बन ढरनेवाले को?

सूने नभ में आग जलाकर
यह सुवर्ण-सा हृदय गलाकर
जीवन सन्ध्या को नहलाकर
रिक्त जलधि भरनेवाले को?

रजनी के लघु-तम कन में
जगती की ऊष्मा के वन में
उस पर पड़ते तुहिन सघन में
छिप, मुझसे डरनेवाले को?

निष्ठर खेलों पर जो अपने
रहा देखता सुख के सपने
आज लगा है क्या वह कँपने
देख मौन मरनेवाले को?

शशि-सी वह सुन्दर रूप विभा

शशि-सी वह सन्दर रूप विभा
चाहे न मुझे दिखलाना।
उसकी निर्मल शीलत छाया
हिमकन को बिखरा जाना।

संसार स्वप्न बनकर दिन-सा
आया हैं नहीं जगाने,
मेरे जीवन के सुख निशीध!
जाते-जाते रूक जाना।

हाँ, इन जाने की घड़ियों
कुछ ठहर नहीं जाओगे?
छाया पथ में विश्राम नहीं,
है केवल चलते जाना।

मेरा अनुराग फैलने दो,
नभ के अभिनव कलरव में,
जाकर सूनेपन के तम में
बन किरन कभी आ जाना।

अरे! आ गई है भूली-सी

अरे! आ गई है भूली-सी-
यह मधु ऋतु दो दिन को,
छोटी सी कुटिया मैं रच दूं,
नयी व्यथा-साथिन को!

वसुधा नीचे ऊपर नभ हो,
नीड़ अलग सबसे हो,
झारखण्ड के चिर पतझड में
भागो सूखे तिनको!

आशा से अंकुर झूलेंगे
पल्लव पुलकित होंगे,
मेरे किसलय का लघु भव यह,
आह, खलेगा किन को?

सिहर भरी कपती आवेंगी
मलयानिल की लहरें,
चुम्बन लेकर और जगाकर-
मानस नयन नलिन को

जवा- कुसुम -सी उषा खिलेगी
मेरी लघु प्राची में,
हँसी भरे उस अरुण अधर का
राग रंगेगा दिन को

अंधकार का जलधि लांघकर
आवेंगी शशि- किरणे,
अंतरिक्ष छिरकेगा कन-कन
निशि में मधुर तुहिन को

एक एकांत सृजन में कोई
कुछ बाधा मत डालो,
जो कुछ अपने सुंदर से हैं
दे देने दो इनको

निधरक तूने ठुकराया तब

निधरक तूने ठुकराया तब
मेरी टूटी मधु प्याली को,
उसके सूखे अधर माँगते
तेरे चरणों की लाली को।

जीवन-रस के बचे हुए कन,
बिखरे अम्बर में आँसू बन,
वही दे रहा था सावन घन
वसुधा की इस हरियाली को।

निदय हृदय में हूक उठी क्या,
सोकर पहली चूक उठी क्या,
अरे कसक वह कूक उठी क्या,
झंकृत कर सूखी डाली को?

प्राणों के प्यासे मतवाले
ओ झंझा से चलनेवाले।
ढलें और विस्मृति के प्याले,
सोच न कृति मिटनेवाली को।

ओ री मानस की गहराई

ओ री मानस की गहराई!

तू सुप्त, शान्त कितनी शीतल
निर्वात मेघ ज्यों पूरित जल
नव मुकुर नीलमणि फलक अमल,
ओ पारदर्शिका! चिर चंचल
यह विश्व बना हैं परछाई!

तेरा विषाद द्रव तरल-तरल
मूर्च्छित न रहे ज्यों पिये गरल
सुख-लहर उठा री सरल-सरल
लधु-लधु सुन्दर-सुन्दर अविरल,
तू हँस जीवन की सुधराई!

हँस, झिलमिल हो लें तारा गन,
हँस खिले कुंज में सकल सुमन,
हँस, बिखरें मधु मरन्द के कन,
बनकर संसृति के तव श्रम कन,
सब कहें दें 'वह राका आई!'

हँस ले भय शोक प्रेम या रण,
हँस ले काला पट ओढ़ मरण,
हँस ले जीवन के लघु-लघु क्षण,
देकर निज चुम्बन के मधुकण,
नाविक अतीत की उत्तराई!

मधुर माधवी संध्या में

मधुर माधवी संध्या मे जब रागारुण रवि होता अस्त,
विरल मृदल दलवाली डालों में उलझा समीर जब व्यस्त,

प्यार भरे श्यामल अम्बर में जब कोकिल की कूक अधीर
नृत्य शिथिल बिछली पड़ती है वहन कर रहा है उसे समीर

तब क्यों तू अपनी आँखों में जल भरकर उदास होता,
और चाहता इतना सूना-कोई भी न पास होता,

वंचित रे! यह किस अतीत की विकल कल्पना का परिणाम?
किसी नयन की नील दिशा में क्या कर चुका विश्राम?

क्या झंकृत हो जाते हैं उन स्मृति किरणों के टूटे तार?
सूने नभ में स्वर तरंग का फैलाकर मधु पारावार,

नक्षत्रों से जब प्रकाश की रश्मि खेलने आती हैं,
तब कमलों की-सी जब सन्ध्या क्यों उदास हो जाती है?

अंतरिक्ष में अभी सो रही है

अंतरिक्ष में अभी सो रही है उषा मधुबाला,
अरे खुली भी अभी नहीं तो प्राची की मधुशाला।

सोता तारक-किरन-पुलक रोमावली मलयज वात,
लेते अंगराई नीड़ों में अलस विहंग मृदु गात,
रजनि रानी की बिखरी है म्लान कुसुम की माला,
अरे भिखारी! तू चल पड़ता लेकर टुटा प्याला।

गूंज उठी तेरी पुकार- 'कुछ मुझको भी दे देना-
कन-कन बिखरा विभव दान कर अपना यश ले लेना'

दुख-सुख के दोनों डग भरता वहन कर रहा गात,
जीवन का दिन पथ चलने में कर देगा तू रात,

तू बढ़ जाता अरे अकिंचन,छोड़ करुण स्वर अपना,
सोने वाले जग कर देंखें अपने सुख का सपना।

शेरसिंह का शस्त्र समर्पण

"ले लो यह शस्त्र है
गौरव ग्रहण करने का रहा कर मैं--
अब तो ना लेश मात्र
लाल सिंह! जीवित कलुष पंचनद का
देख दिये देता है
सिंहों का समूह नख-दंत आज अपना"

"अरी, रण - रंगिनी!
कपिशा हुई थी लाल तेरा पानी पान कर

दुर्मद तुरंत धर्म दस्युओं की त्रासिनी--
निकल,चली जा त प्रतारणा के कर से"

"अरी वह तेरी रही अंतिम जलन क्या?
तोपें मुँह खोले खड़ी देखती थी तरस से
चिलियानवाला में
आज के पराजित तो विजयी थे कल ही,
उनके स्मर वीर कल में तु नाचती
लप-लप करती थी --जीभ जैसे यम की
उठी तू न लूट त्रास भय से प्रचार को,
दारुण निराशा भरी आँखों से देखकर
दृप्त अत्याचार को
एक पुत्र-वत्सला दुराशामयी विधवा
प्रकट पुकार उठी प्राण भरी पीड़ा से--
और भी;

जन्मभूमि, दलित विकल अपमान से
त्रस्त हो कराहती थी
कैसे फिर रुकती?"
"आज विजयी हों तुमऔर हैं पराजित हम
तुम तो कहोगे, इतिहास भी कहेगा यही,
किन्तु यह विजय प्रशंसा भरी मन की--एक छलना है.
वीर भूमि पंचनद वीरता से रिक्त नहीं.
काठ के हों गोले जहाँ
आटा बारूद हों;

और पीठ पर हों दुरंत दंशनो का तरस
छाती लडती हो भरी आग,बाहु बल से
उस युद्ध में तो बस मृत्यु ही विजय है.
सतलज के तटपर मृत्यु श्यामसिंह की--
देखी होगी तुमने भी वृद्ध वीर मूर्ति वह,
तोड़ा गया पुल प्रत्यावर्तन के पथ में
अपने प्रवंचको से
लिखता अदृष्ट था विधाता वाम कर से
छल में विलीन बल--बल में विषाद था --
विकल विलास का
यवनों के हाथों से स्वतंत्रता को छीन कर
खेलता था यौवन-विलासी मत्त पंचनद--
प्रणय-विहीन एक वासना की छाया में
फिर भी लड़े थे हम निज प्राण-पण से
कहेगी शतद्रु शत-संगरों की साक्षिणी,
सिक्ख थे सजीव--
स्वत्व-रक्षा में प्रबुद्ध थे
जीना जानते थे
मरने को मानते थे सिक्ख
किन्तु, आज उनका अतीत वीर-गाथा हुई--
जीत होती जिसकी
वही है आज हारा हुआ
"उर्जस्वित रक्त और उमंग भरा मन था
जिन युवकों के मणिबंधों में अबंध बल
इतना भरा था जो
उलटता शतध्वनियों को
गोले जिनके थे गेंद
अग्निमयी क्रीड़ा थी
रक्त की नदी में सिर ऊँचा छाती कर
तैरते थे
वीर पंचनद के सपूत मातृभूमि के
सो गए प्रतारना की थपकी लगी उन्हें
छल-बलिवेदी पर आज सब सो गए
पुतली प्रणयिनी का बाहुपाश खोलकर ,
दूध भरी दूध-सी दुलार भरी माँ गोद
सूनी कर सो गए
हुआ है सुना पंचनद
भिक्षा नहीं मांगता हूँ
आज इन प्राणों की
क्योंकि, प्राण जिसका आहार, वही इसकी
रखवाली आप करता है, महाकाल ही;
शेर पंचनद का प्रवीर रणजीतसिंह
आज मरता है देखो;

सो रहा पंचनद आज उसी शोक में.
यह तलवार लो
ले लो यह थाती है"

पेशोला की प्रतिध्वनि

१

अरुण करुण बिम्ब!
वह निर्धूम भस्म रहित ज्वलन पिंड!
विकल विवर्तनों से
विरल प्रवर्तनों में
श्रमित नमित सा-
पश्चिम के व्योम में है आज निरवलम्ब सा
आहुतियाँ विश्व की अजस्र से लुटाता रहा-
सतत सहस्र कर माला से-
तेज ओज बल जो व्दंयता कदम्ब-सा

२

पेशोला की उर्मियाँ हैं शांत,घनी छाया में-
तट तरु है चित्रित तरल चित्रसारी में
झोपड़े खड़े हैं बने शिल्प से विषाद के-
दग्ध अवसाद से
धूसर जलद खंड भटक पड़े हों-
जैसे विजन अनंत में
कालिमा बिखरती है संध्या के कलंक सी,
दुन्दभि-मृदंग-तूर्य शांत स्तब्ध, मौन हैं

३

फिर भी पुकार सी है गूँज रही व्योम में-
"कौन लेगा भार यह?
कौन विचलेगा नहीं?
दुर्बलता इस अस्थिमांस की -
ठोंक कर लोहे से, परख कर वज्र से,
प्रलयोल्का खंड के निकष पर कस कर
चूर्ण अस्थि पुंज सा हँसेगा अट्टहास कौन?
साधना पिशाचों की बिखर चूर-चूर होके
धूलि सी उड़ेगी किस दृप्त फूत्कार से?

४

कौन लेगा भार यह?
जीवित है कौन?
साँस चलती है किसकी
कहता है कौन ऊँची छाती कर, मैं हूँ-
मैं हूँ- मेवाड़ में,

अरावली श्रृंग-सा समुन्नत सिर किसका?
बोलो कोई बोलो-अरे क्या तुम सब मृत हों?

५

आह, इस खेवा की!-
कौन थमता है पतवार ऐसे अंधर में
अंधकार-पारावार गहन नियति-सा-
उमड़ रहा है ज्योति-रेखा-हीन क्षुब्ध हो!
खींच ले चला है-
काल-धीवर अनंत में,
साँस सिफरि सी अटकी है किसी आशा में

६

आज भी पेशोला के-
तरल जल मंडलों में,
वही शब्द घूमता सा-
गूँजता विकल है
किन्तु वह ध्वनि कहाँ?
गौरव की काया पड़ी माया है प्रताप की
वही मेवाड़!
किन्तु आज प्रतिध्वनि कहाँ है?"

बीती विभावरी जाग री

बीती विभावरी जाग री!

अम्बर पनघट में डूबो रही
तारा-घट उषा नागरी।

खग-कुल कुल कुल-सा बोल रहा,
किसलय का अंचल डोल रहा,
लो यह लतिका भी भर लाई
मधु मुकुल नवल रस गागरी।

अधरों में राग अमन्द पिये,
अलकों में मलयज बन्द किये
तू अब तक सोई है आली।
आँखों मे भरे विहाग री!

Lector House believes that a society develops through a two-fold approach of continuous learning and adaptation, which is derived from the study of classic literary works spread across the historic timeline of literature records. Therefore, we aim at reviving, repairing and redeveloping all those inaccessible or damaged but historically as well as culturally important literature across subjects so that the future generations may have an opportunity to study and learn from past works to embark upon a journey of creating a better future.

This book is a result of an effort made by Lector House towards making a contribution to the preservation and repair of original ancient works which might hold historical significance to the approach of continuous learning across subjects.

HAPPY READING & LEARNING!

LECTOR HOUSE LLP
E-MAIL: lectorpublishing@gmail.com